세 마리 🐰끼 잡는
초등 한국사

[2권] 삼국 통일~남북국 시대

NE 능률

이 책을 쓴 분들

강영주(지에밥 창작연구소 대표, 〈세 마리 토끼 잡는 독서 논술, 초등 독해〉 기획 및 집필)

김경선(작가, 〈세 마리 토끼 잡는 독서 논술, 초등 독해〉 집필)

한화주(작가, 〈세 마리 토끼 잡는 독서 논술, 초등 독해〉 집필)

한현주(작가, 〈세 마리 토끼 잡는 독서 논술, 초등 독해〉 집필)

박지영(작가, 〈세 마리 토끼 잡는 초등 독해〉 기획 및 편집)

이 책을 감수한 선생님들

김명수(용인 모현초등학교)

한희란(용인 양지초등학교)

양준호(수원 광교초등학교)

이 책을 만든 분들

박지영(기획 편집자), 이국진(기획 편집자),

최영은(기획 편집자), 강영주(기획 편집자)

세 마리 토끼 잡는 초등 한국사

2권 삼국 통일~남북국 시대

1판 5쇄 2022년 2월 25일 | **펴낸이** 주민홍

총괄 김진홍 | **기획 및 편집** 지에밥 창작연구소 | **연구원** 김지연, 이자원, 박수희 | **펴낸곳** ㈜NE능률 | **디자인** 장현순 | **그림** 우지현, 유남영, 김정진, 이형진, 윤유리, 이혁, 김석류 | **영업** 한기영, 이경구, 박인규, 정철교, 김남준, 김남형, 이우현 | **마케팅** 박혜선, 고유진, 김여진 | **주소** 서울특별시 마포구 월드컵북로 396(상암동) 누리꿈스퀘어 비즈니스타워 10층 (우편번호 03925) | **전화** (02)2014-7114 | **팩스** (02)3142-0356 | **홈페이지** www.nebooks.co.kr | **ISBN** 979-11-253-3522-1

제조년월 2022년 2월 제조사명 ㈜NE능률 제조국 대한민국 사용연령 7~11세

하루하루 실력이 성장하는 역사의 주인공이 되세요!

아이가 자라면 가족과 친구를 벗어나 사회 문제에 관심을 갖기 시작합니다. 그러다가 어느 날 문득 뜻밖의 질문을 합니다.

"우리나라를 처음 세운 사람이 누구예요?"

"옛날에는 왜 남자도 머리를 길렀어요?"

"이순신 장군은 어떻게 배 13척으로 일본군을 무찔렀어요?"

역사에 대한 호기심이 생긴 것이지요. 그렇다면 이제 아이가 역사를 공부하기에 좋은 때가 된 것입니다. 역사를 공부한다는 것은 지금까지 경험한 세계를 뛰어넘어 시공간이 다른 사건과 인물을 만나는 일이기 때문이지요.

역사는 '과거와 현재의 대화'라고 합니다. 과거의 기록인 역사가 현재를 사는 우리에게 많은 교훈과 해법을 제공해 주기 때문입니다.

우리 민족은 세계 최초로 금속 활자를 발명했고, 한글이라는 훌륭한 문자를 가지고 있습니다. 또한, 『팔만대장경』과 『조선왕조실록』이라는 뛰어난 역사 기록물들을 소중히 보존하고 있습니다. 그러므로 이제 막 역사에 관심을 갖기 시작한 아이에게 우리 역사의 소중함을 깨닫게 하고, 역사를 제대로 이해할 수 있도록 하는 일은 무엇보다 중요합니다.

〈세 마리 토끼 잡는 초등 한국사〉는 이와 같은 점을 고려하여 기획하고 구성하였습니다.

첫째, 역사 이야기를 재미있게 읽으며 교훈을 얻게 한다.

둘째, 정확한 자료를 바탕으로 역사 지식을 키우고 실력을 확인하게 한다.

셋째, 한국사를 중심으로 세계사를 이해하며 폭넓은 역사관을 갖게 한다.

〈세 마리 토끼 잡는 초등 한국사〉는 이와 같은 기획을 완성하기 위해 최고의 기획진과 작가진들이 내용을 구성하고, 현장의 선생님들이 한 자 한 자 감수해 주셨습니다. 모쪼록 이 책으로 아이가 하루하루 실력을 쌓으며 새롭게 펼쳐질 역사의 주인공이 되기를 기대합니다.

 교재의 성격

세 마리 **토**끼 잡는 **초등** 한국사 란?

어떤 책인가요?

〈세 마리 토끼 잡는 초등 한국사〉는 역사에 대한 호기심을 재미있는 역사 이야기로 풀면서 배경지식을 쌓고 다양한 문제로 실력을 키울 수 있는 책입니다.

몇 권으로 구성했나요?

〈세 마리 토끼 잡는 초등 한국사〉는 한국사를 시대별로 총 6권으로 나누어 실었습니다.

단계	1권	2권	3권	4권	5권	6권
대상 학년	전 학년	전 학년	전 학년	전 학년	전 학년	전 학년
시기	선사 시대~ 삼국 시대	삼국 통일~ 남북국 시대	고려 시대	조선 전기	조선 후기	대한 제국~ 대한민국
권수	1권	1권	1권	1권	1권	1권

세 마리 토끼란?

'한국사, 세계사, 기출 문제'를 말합니다. 한국사를 중심으로 사건을 살피고 이것을 세계사에 연결시켜 자주 출제되는 문제로 확인하는 과정에서 통합적으로 역사를 이해할 수 있습니다.

한국사
- 재미있는 이야기를 읽으며 한국사를 이해함.
- 한국사 지식을 정확한 역사 정보로 살펴보고, 핵심 문제로 확인함.

세계사
- 한국사의 주요 사건을 세계사와 연결시켜 통합적으로 이해함.
- 한국사의 흐름을 세계사의 흐름 속에서 폭넓게 이해함.

기출 문제
- 한국사를 초등 교육 과정과 연결하여 학교 공부에 도움을 줌.
- 한국사 실력을 키워 학교 시험, 한국사능력검정시험 등에 대비함.

하루에
세 장씩 학습하면
한 달 안에 역사가
한눈에 쏘옥!

세 마리 토끼 잡는 초등 한국사 는 이런 점이 다릅니다

● 한국사를 초등 교과와 긴밀하게 연결했습니다.

한국사의 흐름을 〈초등 사회 5-2, 6-1〉 교과 내용과 연결 지어 각 권을 구분하고, 주요 사건을 교과 주제에 연결하였습니다.

● 한 권 안에 통합 교과적 내용을 수록했습니다.

시대별 한국사를 정치, 경제, 사회, 문화 등 다양한 영역으로 구성하고, 왕권 위주의 역사가 아닌, 사회 흐름 변화사로 구성해서 통합 교과적 사고 능력을 키울 수 있도록 하였습니다.

● 역사적 사실을 바탕으로 역사 이야기를 구성했습니다.

이야기의 재미를 위해 불분명한 역사적 사실로 재구성하는 것을 지양하고, 주요 사건을 역사적 사실을 바탕으로 풀어 흥미롭게 구성했습니다.

● 검증된 자료로 정리하고 다양한 문제로 확인하도록 했습니다.

역사 이야기에서 다룬 내용을 출처가 명확한 역사 정보로 정리했고, 학교 시험이나 한국사능력검정시험에 도움이 되는 다양한 문제를 수록하여 실력을 쌓을 수 있도록 구성했습니다.

● 한국사와 관련된 세계사를 한눈에 볼 수 있도록 했습니다.

한국사의 주요 사건이 있었던 때의 세계사나 한국사와 비슷한 일이 있었던 세계사 등 한국사를 폭넓은 관점에서 살필 수 있도록 정리했습니다.

● 다양한 시각 자료를 수록하여 역사에 현장감을 주었습니다.

역사 이야기의 재미와 배경지식의 이해를 도울 수 있는 그림, 사진, 지도 등을 실어 읽는 이가 역사 안에 있는 것 같은 느낌을 줄 수 있도록 구성하였습니다.

세 마리 토끼 잡는 초등 한국사 는 이렇게 구성되었습니다

파트 소개

파트별(주차별) 학습 내용

한 주 학습을 하기 전에 공부할 내용을 한눈에 볼 수 있도록 내용을 간단히 정리했습니다.

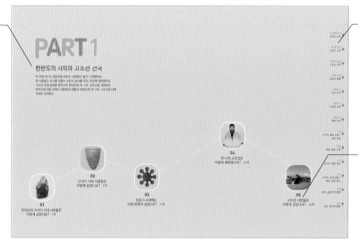

권별 연표

한 권에 수록된 시대의 주요 사건을 연도 순으로 정리했습니다.

일차 제목

하루 학습에서 알아볼 내용을 시각 자료를 통해 먼저 살펴보도록 했습니다.

이야기 속으로 1

이야기

역사적 사실을 바탕으로 한 재미있는 역사 이야기와 그림을 실었습니다.

역사 돋보기

이야기에서 중요하거나 자세히 알아볼 내용을 검증된 역사적 사실과 사진을 통해 설명했습니다.

시대 연표

이야기가 일어난 시대가 언제인지 한국사 연표에서 확인할 수 있습니다.

낱말 풀이

이야기에서 역사 용어나 어려운 낱말을 그때그때 찾아보도록 자세히 풀이했습니다.

공부하기 전에
자세히 읽고 학습 효과를
높이세요!

이야기 속으로 2

시각 자료
역사 이야기를 이해하는 데 도움이 되는 사진, 그림, 지도 등을 실었습니다.

반짝 퀴즈
이야기에서 꼭 필요한 지식과 정보를 빈칸 넣기 문제를 풀면서 살펴볼 수 있도록 구성했습니다.

핵심 개념 정리
본문에서 배운 역사 이야기의 주요 내용을 〈초등 사회〉 교과서의 내용을 토대로 정리하였습니다.

역사 쏙쏙

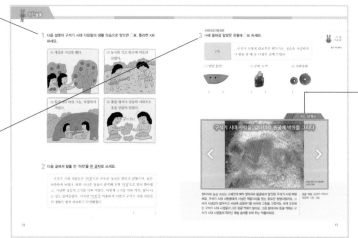

교과 문제
한국사 주요 문제나 〈초등 사회〉 교과에서 자주 출제되는 학습 문제를 실었습니다.

실력 문제
한국사능력검정시험에서 자주 출제되는 기출 문제를 응용하여 실었습니다.

카드 세계사
한국사의 주요 사건이 있었던 때에 벌어진 세계사 속 사건이나 한국사와 비슷한 일이 일어났던 세계사를 간단한 카드 형식으로 정리하였습니다.

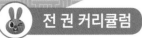

세 마리 土끼 잡는 초등 한국사의 커리큘럼

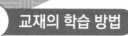

세 마리 토끼 잡는 초등 한국사 이렇게 공부하세요

1 매일매일 꾸준히 공부해요.

〈세 마리 토끼 잡는 초등 한국사〉는 매일 6쪽씩 꾸준히 공부하는 책이에요. 역사 이야기를 재미있게 읽으면서 역사적 사실을 이해하고, 실전 문제를 풀면서 실력을 확인할 수 있습니다. 공부가 끝나면 '○주 ○일 학습 끝!' 붙임 딱지를 붙여 보세요.

2 이야기에 나오는 내용을 교과서에서 찾아보아요.

하루 공부를 마치고 나면, 역사 이야기와 정리 내용을 교과서에서 찾아보세요. 역사 이야기를 재미있게 읽고 한국사를 정리하면 〈초등 사회〉 교과서의 내용을 저절로 이해할 수 있습니다.

3 더 알고 싶은 내용을 인터넷이나 다양한 책에서 찾아보아요.

본문에서 나온 내용을 더 알고 싶다면 역사 고전이나 역사 인물 이야기 등 관련된 읽을거리를 찾아 읽어 보세요. 한국사뿐 아니라 다양한 영역의 배경지식을 쌓을 수 있습니다.

재미있는 역사 이야기를
읽고 역사 지식을 쌓아서
역사 능력자가 되어 보세요!

한 주 학습표	월	화	수	목	금	토
	매일 6쪽씩 학습하고, '○주 ○일 학습 끝!' 붙임 딱지 붙이기					주요 내용 복습하기

세 마리 토끼 잡는 초등 한국사

2권 삼국 통일~남북국 시대

PART 1

고구려의 대외 항쟁과
신라의 삼국 통일

한반도의 북쪽에 있던 고구려는 중국의 수, 당과 잇달아 전쟁을 치르는
한편 지배층의 권력 다툼으로 점점 힘을 잃어 갔어요. 백제 역시 나라가
혼란스러웠지요. 신라는 이를 기회로 삼아 당의 힘을 빌려 삼국 통일을
이루었어요. 신라가 어떻게 삼국을 통일해 갔는지 함께 살펴봐요.

04
힘센 고구려는 어떻게
무너졌나요? _30쪽

05
신라는 당의 군대를
어떻게 몰아냈나요? _36쪽

공부한 날짜: ☐월 ☐일

고구려는 어떻게 수의 침략을 막아 냈나요?

6세기 중국과 한반도의 상황
고구려는 우리나라에 침입하려는 중국 세력을 막는 한반도의 울타리 구실을 했어요. 그러나 신라가 6세기 무렵(진흥왕 때) 세력이 커지고 수가 오랫동안 나뉘어 있던 중국을 통일하면서 안팎으로 적을 맞게 되었어요. 이에 고구려에서는 중국과 한반도의 상황을 동시에 대비하고 있었지요.

요서 지방 중국 랴오허강 서쪽 지역.
랴오허강 중국 만주 지방의 남부 평야를 흐르는 강.

수, 고구려를 침략하다

고구려의 땅을 남쪽으로 크게 넓힌 장수왕이 세상을 떠난 뒤, 고구려에는 좋지 못한 일이 자꾸 생겼어요. 나라 안에서는 왕위 다툼이 일어나 많은 사람이 목숨을 잃었어요. 나라 밖에서는 빼앗긴 땅을 되찾으려는 백제와 부쩍 힘을 키운 신라가 고구려를 공격했지요.

그러던 때에 중국에 수가 들어섰어요. 수는 370여 년 동안 여러 나라로 나뉘어 있던 중국을 통일한 나라였어요. 그런 수가 고구려에 복종하고 섬기라며 요구했답니다.

고구려의 영양왕은 수의 요구에 당당히 맞서기로 했어요.

"수나라에 우리의 용맹함을 보여 주어야겠다!"

598년, 영양왕은 직접 군대를 이끌고 나가 수의 요서 지방을 공격하고 돌아왔어요. 그러자 수가 기다렸다는 듯 고구려를 침략했어요.

30만 명이나 되는 수의 군사는 두 무리로 나뉘어 고구려로 몰려왔어요. 한 무리는 육지를 달려 랴오허강 근처로 왔고, 다른 한 무리는 바다를 건너 평양성 쪽으로 왔지요.

고구려는 수의 침략을 거뜬히 막아 냈어요. 수 군대는 고구려 땅을

밟지도 못한 채 물러났어요. 하지만 얼마 뒤 수의 군대가 다시 고구려를 침략했어요.

고구려 요동성 모형

요동성 중국 랴오닝성 랴오양 시 부근에 있었던 고구려의 주요 성곽.
별동대 작전을 위해 본대에서 따로 떨어져 나와 독자적으로 행동하는 부대.

612년, 수의 황제인 양제가 1백13만 명의 군사를 이끌고 고구려로 쳐들어왔어요. 고구려 요동성을 겹겹이 에워싼 수의 군대는 끝이 보이지 않을 정도로 많았지요.

수 양제는 단숨에 요동성을 무너뜨릴 수 있다고 생각했어요. 하지만 고구려의 군사들은 강했고, 요동성은 튼튼했어요. 수의 군대는 몇 달이 지나도록 요동성을 차지하지 못했답니다.

"수나라 대군이 요동성 하나 무너뜨리지 못하다니! 안 되겠다. 별동대를 보내 고구려의 도읍을 공격하라!"

초조해진 수 양제는 30만 명의 군사를 평양으로 보냈어요.

Q1
반짝퀴즈
612년, 수 양제가 대군을 이끌고 영양왕이 다스리는 나라 □□□을/를 침략했다.

□ □ □

고구려의 용맹함을 보여 주어라!

13

을지문덕

고구려의 장군인 을지문덕은 용감하고 지략이 뛰어난 인물이었어요.

홀로 수의 별동대가 머무는 진지에 들어가 적군의 형편을 살핀 뒤 돌아왔고, 일곱 번이나 후퇴하며 별동대를 지치게 했어요. 또한 살수 강물을 막았다가 흘려보내는 뛰어난 전술로 별동대를 무찌르고 고구려를 지켜 냈답니다.

을지문덕 동상

을지문덕, 살수에서 큰 승리를 거두다

수의 군대가 평양으로 온다는 소식에 영양왕과 신하들은 한자리에 모였어요. 30만이나 되는 별동대를 막을 방법을 의논했지요. 그때 을지문덕 장군이 나섰어요.

"제게 맡겨 주십시오. 수나라군을 무찌를 계책이 있습니다."

군사들을 이끌고 간 을지문덕은 싸우는 척하다 후퇴하는 방법으로 수의 군대를 지치게 만들었어요. 수의 군대가 지나게 될 마을에는 곡식 한 톨도 남기지 않았고, 우물까지 메웠지요.

평양성 근처에 다다랐을 때쯤 수의 군대는 몹시 굶주리고 지쳐서 싸울 마음을 완전히 잃어버렸어요. 수의 군사들은 지친 나머지 되돌아가기로 결정하고 말 머리를 돌렸지요.

그때 을지문덕 장군이 명령을 내렸어요.

"때가 왔다! 고구려를 침략한 수의 군대를 살려 보내지 마라!"

고구려군은 호랑이 같은 기세로 수의 별동대를 뒤쫓았어요.

수의 군대는 허둥지둥 쫓기다 살수에 이르렀어요.

강물이 깊지 않은 것을 보고 첨벙첨벙 강물을 건너기 시작했지요. 그러나 그때부터 고구려 군사들이 쏜 화살이 비 오듯 쏟아졌어요. 느닷없이 강물도 물보라를 일으키며 밀려왔지요. 을지문덕이 살

고구려와 수의 전쟁

계책 어떤 일을 이루기 위한 꾀나 방법.
기세 기운차게 뻗치는 모양이나 상태.
살수 청천강의 옛 이름.

수 상류의 물을 가죽 둑으로 막아 두었다가 터뜨린 거예요. 수의 군사들은 화살에 맞아 쓰러지고, 불어난 강물에 휩쓸려 떠내려갔어요.

을지문덕이 이끄는 고구려군은 살수에서 수 군대와 싸워 큰 승리를 거두었어요. 그래서 이 전투를 '살수 대첩(612년)'이라고 해요.

별동대가 무너졌다는 소식을 들은 수 양제는 고구려를 이길 수 없다고 판단해 군대를 이끌고 고구려에서 물러났지요. 그 뒤로 수는 두 차례나 더 고구려를 침략했지만 고구려를 당해 내지 못했어요.

Q2

반짝퀴즈

을지문덕이 살수에서 수의 군대와 싸워 크게 이긴 전투는 □□ □□(이)다.

□ □ □ □

⭐ 수의 고구려 침입과 살수 대첩

• 수가 고구려에게 복종을 요구하자 고구려의 영양왕은 거절하고 수를 공격했다.

• 수가 이를 빌미로 고구려를 침략했으나 고구려는 수의 침략을 막아 냈다(598년).

• 수 양제가 대군을 이끌고 다시 고구려로 쳐들어왔다.

• 을지문덕이 이끄는 고구려군은 살수에서 수의 군대와 싸워 큰 승리를 거두었다(살수 대첩, 612년).

1 다음 밑줄 친 '나'에 해당하는 인물은 누구입니까? (   )

'나'는 고구려의 장군이었다. 고구려를 침략한 수의 별동대를 살수에서 크게 물리쳤지.

① 고선지   ② 강감찬   ③ 을지문덕
④ 연개소문   ⑤ 광개토 대왕

2 다음 중 수의 고구려 침략에 대해 알맞게 말한 친구에 ○표 하세요.

(1) 수는 고구려를 딱 한 번만 침략했지.

(2) 을지문덕 장군은 수의 군대와 벌인 싸움에서 크게 졌어.

(3) 수 양제는 고구려의 요동성을 공격했지만, 함락시키지 못했어.

(   )   (   )   (   )

3 다음 장면에서 알 수 있는 사건은 무엇입니까? (   )

1주 1일
학습 끝!

붙임 딱지 붙여요.

612년 고구려 진영

① 명량 대첩   ② 살수 대첩   ③ 옥포 해전

④ 관산성 전투   ⑤ 기벌포 전투

카드 세계사

수, 중국을 통일하다

고구려를 침략한 수는 어떤 나라일까요? 수는 581년에 세워졌는데, 8년 만에 여러 나라로 나누어져 있던 중국을 통일했어요(589년). 수는 중국을 통일한 뒤 중국의 남북을 잇는 대운하를 만들고, 세력이 커지자 고구려도 차지하려 했어요. 하지만 무리하게 큰 공사와 전쟁을 벌였기 때문에 백성의 원성이 자자했어요. 결국 곳곳에서 반란이 일어나 나라가 들어선 지 38년 만에 망하고 말았지요.

대운하 커다란 운하라는 뜻. '운하'는 사람과 물건을 실어 나르기 위해 만든 물길을 뜻함.

고구려는 당의 침략을 어떻게 물리쳤나요?

공부한 날짜: 월   일

연개소문

연개소문은 고구려의 장군이에요. 『삼국사기』에 따르면, 연개소문은 성격이 호탕하고, 몸집도 컸다고 해요.
연개소문이 당에 강하게 맞설 것을 주장하자, 그와 뜻이 다른 신하들이 연개소문에게 천리장성 공사를 맡기자고 했어요. 연개소문을 멀리 보내려는 꾀였지요.
하지만 연개소문은 천리장성 공사를 진행하며 세력을 키워 난을 일으켰어요. 연개소문은 영류왕과 신하들을 죽이고 권력을 독차지했지요.

국경 나라와 나라 사이의 영역을 가르는 경계.

고구려, 천리장성을 쌓다

618년, 고구려의 영양왕이 세상을 떠나고 영류왕이 왕위에 올랐어요. 같은 해 중국에서는 수가 멸망하고 당이 들어섰지요. 고구려는 새로 들어선 당과 한동안 사이좋게 지냈어요.

천리장성의 시작점인 비사성(중국 랴오닝성 다롄시)

하지만 당 태종이 황제가 되면서 상황이 달라졌어요. 당은 주변 나라들을 정복하더니 고구려를 침략할 기회를 엿보았어요.

"고구려의 서북쪽 국경을 따라 새로 성을 쌓고, 낡은 성을 튼튼하게 고쳐 짓도록 하라!"

631년에 영류왕은 당의 침략을 대비해서 성을 쌓는 공사를 벌였어요. 이때 쌓은 성을 '천리장성'이라고 해요. 성들이 성벽으로 연결된 것은 아니지만, 천 리에 걸쳐 늘어서 있었기 때문에 천리장성이라는

튼튼한 성을 쌓았으니 적들이 쳐들어오기 힘들지.

18

이름이 붙었지요. 천리장성 공사를 마치기까지 16년이나 걸렸답니다.

고구려의 영류왕과 많은 신하들은 힘센 당과 싸우는 것을 피하려고 했어요. 그러나 당에 굽실거리지 말고 당당히 맞서야 한다고 주장하는 신하도 있었지요. 바로, 연개소문이에요.

신하들은 그런 연개소문을 못마땅하게 여겼어요. 그래서 영류왕을 설득해 연개소문을 죽일 계획을 세웠지요.

이를 알게 된 연개소문은 자신을 죽이려던 신하들을 모조리 베고, 영류왕의 목숨도 빼앗았어요. 그런 다음 보장왕을 새 왕으로 삼고는 '대막리지'라는 높은 벼슬을 새로 만들어 그 자리에 앉았답니다.

고구려에서는 '막리지'가 가장 높은 벼슬이었는데, 연개소문이 그보다 더 높은 벼슬을 만들었어요. 대막리지는 나라의 중요한 일을 결정하고, 군대도 부릴 수 있는 권한을 갖고 있었어요. 보장왕은 허수아비 왕일 뿐, 연개소문이 고구려의 모든 권력을 움켜쥔 셈이었지요.

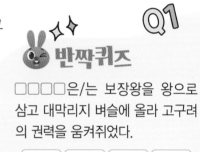

보장왕 고구려의 제28대 마지막 왕. 영류왕을 시해한 연개소문에 의해 왕위에 올랐음. 고구려가 멸망하자 당으로 끌려갔고, 고구려 부흥을 도모하다 쓰촨성에 유배되었음.
대막리지 삼국 시대 고구려의 으뜸 벼슬. 연개소문이 권력을 잡고 나서 그의 벼슬을 기존의 막리지보다 한 등급 올려 부른 것임.

반짝퀴즈 Q1

□□□□은/는 보장왕을 왕으로 삼고 대막리지 벼슬에 올라 고구려의 권력을 움켜쥐었다.

고구려가 당의 침략을 막아 내다

호시탐탐 고구려를 침략할 기회를 노리던 당 태종은 연개소문이 영류왕을 죽인 것을 구실로 삼아 고구려를 침략했어요. 당의 군대는 고구려의 성을 차례로 무너뜨리며 안시성에 다다랐지요.

안시성의 군사와 백성은 똘똘 뭉쳐서 당군의 공격을 막아 냈어요. 당의 군사들이 안시성을 차지하기 위해 별의별 공격을 다 퍼부었지만, 안시성을 무너뜨릴 수 없었지요.

초조해진 당 태종은 오랜 고민 끝에 명령을 내렸어요.

"흙을 안시성보다 높이 쌓아라! 흙산 위에 올라서서 안시성 안으로 화살을 쏘고 돌을 날린다면, 고구려군도 막지 못할 것이다!"

50만 명이나 되는 당의 군사들이 두 달에 걸쳐 안시성 앞에 높다란 흙산을 쌓았지요.

그런데 흙산이 완성될 무렵, 많은 비가 내려 흙산 한쪽이 무너져 내렸어요. 고구려군은 기회를 놓치지 않고 당의 군사들이 쌓은 흙산을 빼앗아 버렸답니다.

두 나라 군대는 흙산을 차지하려고 사흘 밤낮으로 전투를 벌였어요.

흙산이 무너진다!

치열한 전투 끝에 고구려군은 끝내 흙산을 지켜 냈지요. 힘들게 쌓은 흙산을 빼앗기자, 당군의 사기는 뚝 떨어졌어요. 두 달이 흐르는 동안 날씨는 쌀쌀해졌고 당군이 갖고 있던 식량도 바닥을 드러냈지요. 결국 당 태종은 군대를 이끌고 돌아갔어요.

고구려와 당의 전쟁

안시성 삼국 시대에, 고구려가 랴오허강 유역에 설치한 방어성. 요동성과 건안성의 중간에 위치해 전략적으로 매우 중요한 성이었음.
사기 의욕이나 자신감이 충만해 굽힐 줄 모르는 기세.

당은 그 뒤로도 몇 차례 더 고구려를 침략했지만 연개소문이 이끄는 고구려군에게 상대가 되지 않았어요. 당 태종은 죽기 전에 다음과 같은 유언을 남겼답니다.

"고구려는 이길 수 없는 나라이니 절대 공격하지 마라. 고구려와 싸우다가는 도리어 당나라가 위태로워질 것이다."

반짝퀴즈 Q2

당 태종이 군대를 이끌고 쳐들어왔으나, 고구려군은 □□□에서 당군을 막아 냈다.

⭐ 당의 고구려 침입과 안시성 싸움

- 당이 세력을 넓히자 고구려는 당의 침략에 대비해 천리장성을 쌓았다.
- 고구려에서는 연개소문이 정변을 일으켜 보장왕을 세우고 대막리지에 올라 권력을 잡았다.
- 당 태종은 연개소문의 정변을 구실로 고구려를 침략해 여러 성을 빼앗고 안시성을 공격했다.
- 안시성의 성주와 백성은 하나로 뭉쳐 당의 공격을 막아 냈다(안시성 싸움, 645년).

1 다음 세 친구가 공통으로 이야기하는 곳은 어디입니까? ( )

 이곳을 완성하는 데 16년이나 걸렸어.

 고구려가 당의 침략에 대비해 쌓은 거야.

 성들이 연결된 것은 아니지만, 천 리에 걸쳐 늘어서 있지.

① 국내성   ② 사비성   ③ 만리장성

④ 천리장성   ⑤ 남한산성

2 다음 인물에 대한 설명이 맞으면 ○표, 틀리면 X표 하세요.

연개소문

⑴ 연개소문은 신라 사람이다.   ( )

⑵ 왕과 신하들을 죽이고 권력을 잡았다.   ( )

⑶ 힘센 당과의 싸움을 피하자고 주장했다.   ( )

⑷ '대막리지'라는 높은 벼슬을 만들어 그 자리에 올랐다.   ( )

3 다음 그림이 나타내는 사건은 무엇입니까? (   )

1주 2일
학습 끝!

붙임 딱지 붙여요.

① 살수 대첩   ② 황산벌 전투   ③ 안시성 싸움

④ 한산도 대첩   ⑤ 기벌포 전투

카드 세계사

당 태종, 정치를 꽃피우다

고구려는 수의 뒤를 이은 당과 한동안 사이좋게 지냈는데, 태종이 황제가 되면서 상황이 달라졌다고 했지요? 태종은 당의 두 번째 황제예요. 형제들을 죽이고 황제에 오를 만큼 야심만만한 인물이었지요. 그러나 왕위에 오른 뒤에는 백성들을 위해 여러 제도를 만들며 나라를 잘 다스렸어요. 그래서 태종이 다스린 시대를 '정관의 치'라고 불렀어요. 태종은 나라 밖으로도 당의 힘을 크게 떨쳤어요.

정관의 치 '정관'은 당 태종이 왕이 된 해에 붙인 이름으로, 당 태종의 정치라는 뜻임.

백제는 어떻게 멸망했나요?

공부한 날짜: ☐월 ☐일

김춘추

김춘추는 신라의 왕족으로, 높은 벼슬을 지내며 나랏일을 했지요.
그런데 백제가 대야성을 침략했을 때, 대야성의 성주였던 딸과 사위를 잃었어요. 그 일로 김춘추는 백제를 무너뜨릴 것을 다짐했지요. 훗날 김춘추는 신라의 29대 임금인 '태종 무열왕'이 되었어요.

태종 무열왕

위기를 맞은 신라, 당과 손을 잡다

고구려가 중국의 수, 당과 싸우고 있을 무렵, 백제는 신라와 전쟁을 벌이고 있었어요. 642년, 백제의 의자왕은 직접 군대를 이끌고 신라를 공격해 40여 개의 성을 빼앗았어요. 이어서 신라가 중요하게 여기는 대야성도 손에 넣었지요.

당시 신라를 다스리던 선덕 여왕은 김춘추를 고구려로 보냈어요. 고구려에 간 김춘추는 신라를 도와 달라고 부탁했어요. 그러나 고구려는 빼앗아 간 죽령 이북의 땅부터 돌려 달라고 했지요. 결국 김춘추는 고구려의 힘을 빌리지 못한 채 신라로 돌아왔어요.

'고구려의 힘을 빌릴 수 없다면, 당나라의 힘을 빌려 보자.'

김춘추는 중국으로 건너가 당의 황제를 만났어요.

"신라와 당나라가 손을 잡는다면, 백제와 고구려를 무너뜨릴 수 있을 것입니다. 그 뒤, 대동강 북쪽 땅을 당나라에 드리지요."

당 황제는 속셈을 숨기고 김춘추의 제안을 받아들였어요.

한편, 대야성을 빼앗으며 신라를 위협했던 백제의 의자왕은 나라를 잘 다스려 나갔어요. 그런데 왕위에 오른 지 15년이 되었을 때부터 변하기 시작했어요. 의자왕은 궁을 호화롭게 고쳐 짓고, 날마다 잔치를 벌이며 술을 마셨어요.

백제의 충신 성충, 흥수, 계백을 기리는 사당 삼충사(충청남도 부여군)

대야성 경상남도 합천군 합천읍 합천리에 있는 성(城). 백제와 경계선을 맞대고 있는 곳으로 신라 서부 지방의 핵심 군사 지역이었음.
성충 삼국 시대 백제의 좌평으로서 왕에게 나라가 위태로워졌다고 말하다 옥에 갇힌 충신.
비위 어떤 것을 좋아하거나 싫어하는 성미나 기분.

충성스러운 신하 성충은 의자왕에게 목숨을 걸고 아뢰었어요.

"전하, 제발 나라와 백성을 돌보십시오."

그러자 의자왕은 성충을 감옥에 가두어 버렸어요. 성충은 음식도 끊은 채 나라의 앞날을 걱정했어요. 죽음이 다가오자 의자왕에게 신라와 당이 쳐들어올 때를 대비하라는 편지까지 남길 정도였지요. 하지만 의자왕은 성충의 마지막 말도 따르지 않았어요.

이처럼 바른말을 하는 신하가 감옥에서 죽으니, 의자왕 곁에는 왕의 비위를 맞추며 제 욕심을 채우려는 간사한 신하들만 남았어요. 왕도, 신하도 나라를 돌보지 않았기 때문에 백제는 점점 혼란스러워지고 백성의 삶은 어려워졌지요.

Q1
반짝퀴즈

신라의 □□□은/는 당으로 건너가 힘을 합해 백제와 고구려를 무너뜨리자고 제안했다.

□ □ □

이러실 때가 아닙니다. 나라가 위태로워요.

백제 부흥 운동
백제가 무너진 뒤, 왕족과 군인들이 백제를 되살리겠다며 여기저기서 들고일어났어요. 백제의 부흥 운동은 4년 동안 이어졌는데, 200여 개의 성을 되찾을 정도로 기세가 높았지요. 그러나 백제 부흥군을 이끄는 사람들 사이에 다툼이 일어났어요. 또, 백제 부흥군을 없애려는 신라와 당의 공격도 계속되었지요. 그래서 백제를 되살리는 일은 실패로 돌아갔어요.

사신 임금이나 국가의 명령으로 외국에 사절로 가는 신하.
황산벌 오늘날 충청남도 논산시 연산면 일대의 벌판.
각오하다 앞으로 해야 할 일이나 겪을 일에 대한 마음의 준비를 하다.
진영 군대가 진을 치고 있는 곳을 이름.

백제가 무너지다

신라에서는 당과 손을 잡는 데 앞장섰던 김춘추가 왕위에 올라 '태종 무열왕'이 되었어요. 무열왕은 백제를 무너뜨리기 위해 전쟁을 준비했지요. 백제가 점점 혼란스러워지자 당에 사신을 보내 백제를 공격하자고 했어요.

이윽고 660년, 신라와 당의 군대가 움직였어요. 당의 소방정이 이끄는 13만 명의 군사는 금강 기슭에 발을 디뎠어요. 신라의 김유신이 이끄는 5만 명의 군사는 황산벌로 향했지요.

의자왕은 신라군을 막기 위해 계백 장군을 황산벌로 보냈어요. 계백은 군사들과 함께 황산벌로 달려갔지요. 계백이 이끄는 백제군은 고작 5천 명이었지만, 죽기를 각오하고 신라군과 싸웠어요. 10배나 되는 신라군을 상대로 사흘 동안 네 번이나 전투를 치렀는데, 네 번 모두 승리를 거두었답니다.

신라군의 사기가 꺾여 있을 때, 화랑 '관창'이 말을 타고 홀로 백제 진영에 뛰어들었어요. 이내 백제 군사들에게 사로잡혀 계백 장군 앞으로 끌려왔지요. 투구를 벗기자 앳된 얼굴이 드러났어요.

"신라에서는 어린 소년도 이
토록 용감하구나."

계백은 탄식하며 관창을 살
려 보냈어요. 하지만 관창이
다시 돌아와 백제군을 공격하
자 관창의 목을 베었지요.

관창의 죽음을 지켜본 신라

백제 오천 결사대 충혼탑(충청남도 부여군)

군사들은 울분으로 들끓었어요. 맹렬하게 백제군을 공격했지요. 계
백과 5천 명의 백제군은 황산벌 전투에서 모두 죽음을 맞았어요.

신라와 당의 연합군은 거칠 것 없이 백제의 도읍인 사비성을
무너뜨렸어요. 의자왕은 간신히 웅진성으로 피했지만, 결국
항복하고 말았지요. 이렇게 백제는 신라와 당의 연합군에 의해
무너졌어요.

탄식하다 어떤 일에 감탄하여
한숨을 쉬다.
연합군 두 나라 이상의 군대
가 힘을 합한 군대.
사비성 충청남도 부여군 부여
읍 지역에 있었던 백제의 성.
백제 성왕 때 웅진에서 옮긴
백제의 수도.

Q2

반짝퀴즈

의자왕이 다스리던 □□은/는 신
라와 당의 연합군에 의해 멸망했다.

화랑 관창의
원수를 갚자!

신라

백제 놈들을
살려 두지 마라!

⭐ 신라·당의 동맹과 백제의 멸망

• 백제 의자왕이 신라를 공격해 대야성과 여러 성을 차지했다.

• 신라의 김춘추는 고구려에 도움을 요청했으나 고구려가 거절했다.

• 김춘추는 중국 당에 동맹을 제안했고 당은 이 제안을 받아들였다(나당 동맹, 648년).

• 백제는 의자왕이 나라를 돌보지 않아 혼란스러워졌고 나라의 힘이 약해졌다.

• 계백의 결사대가 황산벌 전투에서 김유신이 이끄는 신라군에 패하면서 백제가 멸망했다(660년).

1 다음 세 친구가 말하는 인물은 누구입니까? (   )

 결국 백제의 마지막 왕이 되었구나.

 백제를 잘 다스리다가 왜 변했을까?

 충성스러운 신하 성충의 말을 들었더라면 좋았을걸.

① 김춘추   ② 경순왕   ② 보장왕

④ 의자왕   ⑤ 근초고왕

2 다음 장면과 관련 있는 사건은 무엇입니까? (   )

① 살수 대첩   ② 행주 대첩   ③ 기벌포 전투

④ 안시성 싸움   ⑤ 황산벌 전투

44회 기출 응용

3 다음 (가)~(라) 중 그림 속 사건이 일어난 시기의 기호를 쓰세요. (   )

475	562	612	641	660
	(가)	(나)	(다)	(라)
웅진 천도	대가야 멸망	살수 대첩	의자왕 즉위	백제 멸망

카드 세계사

일본, 아스카 문화가 번성하다

신라가 고구려와 당에 동맹을 청하고 있을 무렵, 일본은 삼국의 앞선 문물을 받아 들이려고 애썼어요. 특히 백제의 스님과 학자, 장인들은 일본으로 건너가 앞선 문물을 전해 주었어요. 그 덕분에 7세기 전반, 일본의 아스카 지역(현재 나라, 교토, 오사카)을 중심으로 일본 최초의 불교문화인 아스카 문화가 번성했어요. 당시 이 지역에서는 절이나 탑 등 불교 건축물과 불상이 많이 만들어졌답니다.

동맹 둘 이상의 단체나 국가가 서로의 이익이나 목적을 위해 함께 행동하기로 맹세하여 맺는 약속.

힘센 고구려는 어떻게 무너졌나요?

공부한 날짜: 월 일

연정토
연정토는 연개소문의 동생이에요. 연개소문이 죽은 뒤 권력 다툼으로 고구려가 어지러워지자 연정토는 고구려 남부의 12성 주민 3천여 명과 함께 신라에 항복했어요. 신라는 연정토와 그를 따르는 무리에게 집을 주어 신라 땅에 살게 했어요.

부흥 힘이나 세력이 점점 줄었던 것이 다시 일어남.

연개소문의 세 아들이 권력 다툼을 벌이다

백제를 멸망시킨 신라와 당의 연합군은 남은 고구려도 무너뜨리기로 했어요. 신라는 백제 부흥 세력과 맞서느라 전쟁에 참여하기 힘들었어요. 그동안 고구려 땅을 차지하기 위해 안간힘을 쓰던 당이 먼저 고구려로 쳐들어갔지요. 당군은 홀로 몇 차례나 고구려군과 싸움을 벌였지만 연개소문이 이끄는 고구려군을 당해 낼 수 없었어요.

"연개소문이 있는 고구려는 정말 무섭군."

그런데 665년, 연개소문이 병으로 세상을 떠났어요. 왕과 다름없던 연개소문이 죽자 고구려는 흔들렸어요. 더욱이 연개소문의 세 아들이 대막리지 자리를 놓고 다투기 시작했지요.

먼저 맏아들인 연남생이 대막리지 자리를 물려받았어요. 연남생은 고구려의 여러 성을 살피려고 길을 떠났지요.

그 사이 두 동생 연남건과 연남산이 권력을 틀어쥐었어요. 형을 몰아내고 대막리지가 된 연남건은 형 연남생을 잡아들이기 위해 군대를 보냈지요.

'동생들이 나를 죽이려고 하다니! 고구려에 있는 것은 위험하다. 차라리 당나라로 가자.'

두려움을 느낀 연남생은 고구려에서 도망쳐 당에 도움을 청했지요. 당의 고종 황제는 웃으며 신하에게 말했어요.

"하하, 드디어 고구려를 손아귀에 넣을 기회가 찾아왔구나. 고구려의 지리를 훤히 알고 있는 연남생을 길잡이로 삼는다면, 고구려를 쉽게 무너뜨릴 수 있을 것이다!"

아버지였던 당 태종 때부터 고구려군에게 계속 패하기만 했던 터라 고종 황제는 이 기회를 놓치지 않으려고 했어요. 당의 고종 황제는 연남생을 이용하기 위해 잘 대접해 주었어요. 연남생에게 높은 벼슬까지 내렸지요.

고종 당의 제3대 황제. 백제와 고구려를 멸망시켰음.

Q1

반짝퀴즈

연개소문이 죽자 그의 세 아들은 □□□□ 자리를 놓고 권력 다툼을 벌였다.

고구려 부흥 운동

고구려가 멸망한 이후 고구려가 있었던 지역에서는 고구려 부흥 운동이 일어났어요. 검모잠과 고연무는 연정토의 아들이자 보장왕의 외손자인 안승을 왕으로 세우고 고구려 유민을 모아 한성(황해도 재령)과 오골성에서 무너진 고구려를 다시 일으켜 세우려고 했지요. 이 세력들은 한때 평양성을 되찾으며 기세를 떨쳤지만, 지도층 사이에서 싸움이 일어나 결국 실패했어요.

고구려가 나당 연합군에 무너지다

신라와 당의 연합군은 다시 고구려로 쳐들어왔어요. 신라는 남쪽에서 치고 올라왔어요. 당은 연남생을 길잡이로 삼아 고구려의 성들을 차례로 무너뜨리며 남쪽으로 내려왔지요.

그런데 고구려를 배신한 것은 연남생만이 아니었어요.

'이제 고구려는 신라와 당나라를 당해 낼 수 없다. 더 늦기 전에 연남생처럼 이기는 편에 서야겠구나.'

연개소문의 동생인 연정토는 12개의 성을 신라에 내주며 항복해 버렸답니다. 나라가 위태로운 상황인데도 고구려의 지배층은 제 살궁리만 한 거예요.

어느새 신라와 당의 연합군은 평양성에 공격을 퍼부었어요.

이들을 당할 수 없다고 판단한 고구려의 보장왕은 사람을 보내 항복하겠다는 뜻을 전했어요. 하지만 연남건은 성문을 굳게 닫아걸고 끝까지 싸우겠다며 버텼어요.

평양성 안쪽 성의 동문인 대동문(북한 평양시)

그런데 고구려가 질 것을 두려워한 연남건의 부하가 몰래 평양성의 성문을 열어 주었어요. 668년, 고구려는 이렇게 신라와 당의 연합군에 무너지고 말았답니다.

고구려는 삼국 가운데 가장 힘이 센 나라였어요. 백제와 신라는 물론이고, 중국에 들어선 여러 나라와 싸우며 700년이 넘는 세월을 꿋꿋이 버텼지요. 고구려가 중국 여러 나라의 침략을 막아 준 덕분에 백제와 신라도 무사할 수 있었어요.

그러나 고구려는 수, 당과 오랜 전쟁을 치르는 동안 나라의 힘이 점점 약해졌어요. 연개소문이 죽은 뒤에는 나라 안에 권력을 차지하려는 다툼까지 일어나 신라와 당의 공격을 막아 내지 못했지요. 동아시아를 호령했던 고구려가 역사 속으로 사라졌어요.

배신하다 믿음이나 의리를 저버리다.
호령하다 부하나 동물 등을 지휘하여 명령하다.

Q2
반짝퀴즈

오랜 세월 중국의 침략을 막아 주던 □□□이/가 신라와 당의 연합군에게 멸망했다.

□ □ □

고구려를 무너뜨리자!

⭐ 고구려의 멸망

- 고구려는 수, 당과의 계속되는 전쟁으로 나라의 힘이 약해졌다.
- 연개소문이 죽은 뒤 연개소문의 자식들 사이에 권력 다툼이 일어났다.
- 권력 다툼에서 밀려난 연남생은 당에 도움을 요청했다.
- 연개소문의 동생 연정토는 12개 성을 이끌고 신라에 항복했다.
- 신라와 당의 연합군에게 평양성이 함락되면서 고구려가 멸망했다(668년).

1 다음 ㈎~㈒를 연개소문이 세상을 떠난 뒤 일어난 일의 차례에 맞게 기호를 쓰세요.

평양성 안쪽 성의 동문인 대동문

㈎ 연개소문의 맏아들 연남생이 대막리지 자리에 올랐다.

㈏ 두려움을 느낀 연남생이 고구려에서 도망쳐 당으로 갔다.

㈐ 연개소문의 동생인 연정토가 신라에 12개의 성을 바치며 항복했다.

㈒ 두 동생인 연남건과 연남산이 권력을 쥐고, 연남생을 잡아들이기 위해 군대를 보냈다.

(   ) ➡ (   ) ➡ (   ) ➡ (   )

2 다음 중 고구려가 멸망하게 된 까닭을 알맞게 말한 친구에 ○표 하세요.

⑴ 연개소문이 당과 싸워서 졌기 때문이야.

⑵ 연개소문의 맏아들 연남생이 신라에 항복했기 때문이야.

⑶ 수, 당과의 전쟁으로 힘이 약해진 데다가 권력 다툼이 일어났기 때문이야.

(   )   (   )   (   )

3 (가)~(마) 중 다음 대화가 있었던 시기를 골라 기호를 쓰세요. (   )

1주 4일
학습 끝!

붙임 딱지 붙여요.

612	645	660	668	672	698
(가)	(나)	(다)	(라)	(마)	
살수 대첩	안시성 싸움	백제 멸망	고구려 멸망	기벌포 전투	발해 건국

카드 세계사

일본, 다이카 개신이 일어나다

고구려가 멸망할 무렵 일본에서는 당에 유학했던 유학생과 왕족, 귀족들을 중심으로 다이카 개신이라는 개혁이 일어났어요(645년). 이들은 당시 권력을 독점하던 소가씨를 몰아내고 중국 당의 율령을 받아들여서 천황 중심의 새로운 제도를 만들었어요. 또, 귀족이 가진 땅과 부리던 백성도 모두 국가에 속하도록 바꾸었지요. 일본은 이때부터 천황이 큰 힘을 갖고 직접 나라를 다스리게 되었답니다.

다이카 천황이 즉위한 해에 붙인 이름. 일본 최초의 연호.
개신 제도나 관습을 고쳐서 새롭게 함.

05
1주

신라는 당의 군대를 어떻게 몰아냈나요?

공부한 날짜: ☐월 ☐일

안동 도호부와 당의 속셈

'도호부'는 당이 주변 나라를 정복하고 나서 그 지역을 다스리기 위해 세운 관청으로, 도독부나 군, 현 같은 낮은 관청들을 지휘하는 기관이었지요. 당은 당시 고구려의 도읍이었던 평양성에 '안동 도호부'를 세웠어요. 이 안동 도호부에서 백제의 옛 땅에 세웠던 웅진 도독부와 신라에 세운 계림 도독부를 지휘하려고 했어요. 이는 당이 한반도를 직접 다스리겠다고 선언한 것이나 다름없었어요.

당이 한반도를 차지할 욕심을 드러내다

신라는 백제와 고구려를 무너뜨렸지만, 이들의 땅을 다스릴 수 없었어요. 바로, 당 때문이었어요. 당의 황제는 백제와 고구려를 멸망시킨 뒤, 대동강 북쪽 땅만을 갖기로 신라의 김춘추와 약속했어요.

하지만 당의 군대는 백제와 고구려가 무너진 뒤에도 자기 나라로 돌아가지 않았어요. 한반도를 몽땅 차지할 속셈을 품고 있었거든요. 백제가 무너지자 당은 옛 백제 땅을 다스리기 위해 그곳에 '웅진 도독부'라는 관청을 만들었어요. 얼마 뒤에는 신라의 서라벌에 '계림 도독부'를 두었지요. 그리고 고구려가 무너진 뒤에는 '안동 도호부'를 세워서 옛 고구려 땅을 다스리려고 했답니다.

당은 신라와 함께 무너뜨린 고구려와 백제는 물론 신라까지 집어 삼키려고 한 거예요.

"당나라군을 물리쳐야 한다!"

신라의 문무왕은 당을 몰아낼 준비를 했어요. 670년, 신라의 군사들은 옛 백제 땅으로 향했어요. 사비성을 비롯해 당군이 차지했던 82개의 성을 되찾으며 당군을 모조리 몰아냈답니다.

그러나 당은 순순히 물러나지 않았어요. 끊임없이 군대를 보내 신라를 공격했지요. 신라와 당의 전투가 벌어지자, 옛 백제와 옛 고구려 사람들도 신라를 도와주었어요.

"비록 신라가 밉기는 하지만, 당나라의 지배를 받을 수는 없다!"

옛 백제와 옛 고구려, 그리고 신라 사람들은 힘을 합해 당과 싸웠어요. 한반도에서는 신라와 당의 밀고 밀리는 싸움이 오랫동안 이어졌답니다.

서라벌 '경주'의 옛 이름.
문무왕 신라 제30대 왕. 김춘추와 문희 사이에서 태어난 무열왕의 맏아들. 백제, 고구려를 멸망시키고 삼국 통일을 이루었음.

Q1

✿✦ 반짝퀴즈

백제와 고구려를 멸망시킨 뒤에도 □의 군대는 한반도를 차지하려고 돌아가지 않았다.

37

당을 몰아내고 삼국 통일을 완성하다

당군을 거세게 몰아붙이던 신라는 몇 차례 위기를 겪으며 당을 물리치기 위한 전쟁을 계속했어요. 두 나라 군대가 임진강에서 맞서고 있던 675년, 문무왕에게 소식이 전해졌어요.

"당나라의 20만 대군이 매소성에 진을 치고 신라로 쳐들어올 기회를 노리고 있다고 하옵니다."

문무왕은 매소성으로 군대를 보냈어요. 신라군은 먼저 당의 군사들이 먹을 양식을 운반하는 길을 막았어요. 신라군은 3만밖에 되지 않았지만 매소성을 공격해 20만이나 되는 당군을 무찔렀지요. 이 전투에서 신라군은 3만 마리가 넘는 말과 많은 무기를 빼앗으며 큰 승리를 거두었어요.

신라군의 기세에 놀란 당군은 그제야 북쪽으로 물러났어요. 평양에 설치했던 '안동 도호부'도 요동성으로 옮겼지요. 신라는 매소성 전투에서 승리하며 대동강 남쪽 땅을 차지하게 되었어요.

하지만 당은 한반도를 차지할 욕심을 버리지 않았어요. 이듬해인 676년, 당의 군대가 서해를 건너 기벌포로 쳐들어왔지요. 첫 번째 전투에서 신라군은 당에 지고 말았어요. 하지만 신라는 스물두 번의 크고 작은 싸움을 거듭한 끝에 당군을 물리쳤답니다.

기벌포 전투에서 신라가 승리하면서 7년이나 계속되던 신라와 당의 전쟁도 끝이 났어요. 신라는 당을 몰아내는 데 성공했고, 비로소 삼국 통일을 완성했지요.

신라와 백제, 고구려는 한 나라가 되었지만 아쉬움도 남았어요. 신라가 삼국을 통일하기 위해 외부 세력인 당의 힘을 빌렸고, 그로 인해 옛 고구려 땅을 대부분 잃었다는 거예요.

그러나 신라는 옛 백제, 옛 고구려 사람들과 힘을 합쳐 끝까지 싸워서 당군을 몰아냈어요. 신라의 삼국 통일은 우리 민족이 처음으로 하나가 되었다는 점에서 큰 의의를 갖고 있지요.

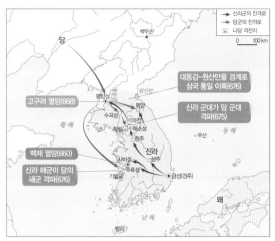

신라의 통일 과정과 통일 신라의 성립(7세기)

기벌포 현재의 충청남도 서천군 장항읍 일대의 옛 이름. 나당 전쟁 시기에 신라군과 당군 간에 전투가 벌어졌음.

Q2

반짝퀴즈

신라가 □□□ 전투에서 승리하며, 7년간 계속되던 당과의 전쟁이 끝났다.

🌟 나당 전쟁과 신라의 삼국 통일

• 당은 옛 백제 땅에 웅진 도독부, 신라에 계림 도독부, 옛 고구려 땅에 안동 도호부를 세웠다.

• 신라는 옛 백제, 옛 고구려 사람들과 힘을 합해 당을 물리치기 위해 싸웠다.

• 신라가 매소성과 기벌포 전투에서 당군에게 큰 승리를 거두어 당군이 철수했다.

• 신라는 결국 대동강 이남 지역에서 당의 세력을 몰아내고 삼국 통일을 완성했다(676년).

• 신라의 삼국 통일은 자주적 통일이면서 우리 민족 최초의 통일이었다.

1 다음 신문에서 밑줄 친 '우리나라'는 어디입니까? (   )

| 제198호 | **역사 신문** | 20○○년 ○○월 ○○일 |

기벌포에서 당군 물리쳐

676년, 당이 서해를 건너 쳐들어왔다. <u>우리나라</u> 군대는 기벌포에서 당군을 맞아 스물두 번의 크고 작은 싸움 끝에 당군을 물리쳤다. 이번 승리로 장장 7년에 걸친 당과의 전쟁이 끝날 것으로 보인다.

– △△△ 기자

① 고려 　　　　　② 백제 　　　　　③ 신라

④ 고조선 　　　　⑤ 고구려

2 다음 ⑺~⑽를 신라의 삼국 통일 과정에 맞게 기호를 쓰세요.

⑺ 평양성 함락, 고구려 멸망

⑻ 삼국 통일
백제　신라　고구려

⑼ 신라와 당의 연합
당 태종　김춘추

⑽ 사비성 함락, 백제 멸망
신라 김유신　백제 계백

⑾ 기벌포 전투, 당군 격퇴
문무왕

⑼ ➡ (   ) ➡ (   ) ➡ (   ) ➡ ⑻

3 다음 중 (가)에 들어갈 인물은 누구입니까? (   )

1주 5일
학습 끝!

붙임 딱지 붙여요.

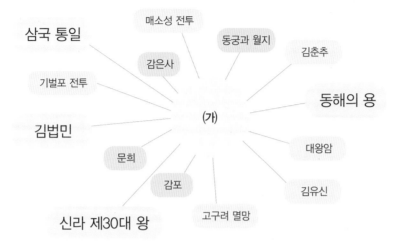

삼국 통일
매소성 전투
동궁과 월지
김춘추
감은사
기벌포 전투
김법민
(가)
동해의 용
문희
대왕암
감포
김유신
신라 제30대 왕
고구려 멸망

① 무왕　　② 문무왕　　③ 장수왕　　④ 선덕 여왕　　⑤ 근초고왕

카드 세계사

이슬람교 경전 『코란』을 완성하다

이슬람교의 교리를
담은 경전 『코란』

신라가 삼국을 통일한 7세기 중반, 이슬람교의 경전인 『코란』이 완성되었어요. 610년, 예언자 무함마드가 세상에 하나뿐인 신 알라를 믿는 이슬람교를 만들었지요. 『코란』은 610년에서 632년까지 23년간 무함마드가 알라로부터 받은 계시 내용이 담긴 이슬람 최고의 경전이에요. 지금도 이슬람교를 믿는 사람들은 매일 5번의 예배를 드릴 때마다 『코란』 구절을 외우면서 알라의 가르침을 되새긴대요.

경전 종교의 원리와 이치를 적은 책.
계시 사람의 지혜로는 알 수 없는 진리를 신이 가르쳐 알게 함.

PART 2

발해의 건국과 남북국 시대

고구려 유민이었던 대조영은 동모산 기슭에 고구려의 뒤를 잇는
발해를 세웠어요. 발해가 세워지면서 한반도 남쪽에는 신라가,
북쪽에는 발해가 번성해 나갔어요. 통일을 이룬 신라와 '해동성국'이라고
불렸던 발해가 어떻게 발전해 갔는지 자세히 알아봐요.

09
장보고를 왜 '바다의 왕'이라고
부르나요? _62쪽

10
신라의 신분 제도는 어떤
문제점이 있었나요? _68쪽

2주

통일을 이룬 신라에 어떤 변화가 생겼나요?

공부한 날짜: ☐월 ☐일

유학을 가르치는 국학

신라는 골품제라는 엄격한 신분 제도 때문에 능력만으로 관리를 뽑을 수 없었어요. 그래서 신문왕은 나랏일을 잘할 수 있는 관리를 길러 내려고 '국학'을 설치했어요.

국학은 '유학'을 가르치는 교육 기관이에요. 유학은 중국의 학자인 '공자'의 가르침을 따르는 학문이지요. 유학에서는 신하가 왕에게 충성을 다해야 한다고 가르쳤어요. 신문왕은 국학에서 유학을 가르쳐 귀족의 힘을 누르고 왕권을 강화하려고 했어요.

신라의 국학이 있던 곳에 세워진
경주 향교(경상북도 경주시)

귀족의 힘을 눌러 왕의 힘을 강하게 만들다

681년, 당을 몰아내고 삼국을 통일한 문무왕이 세상을 떠났어요. 뒤를 이어 신문왕이 통일 신라의 왕이 되었지요. 그런데 신문왕이 왕위에 오른 지 한 달 만에 역모 사건이 일어났어요.

역모를 계획한 사람은 신문왕의 장인인 김흠돌이었어요. 김흠돌은 신라가 고구려를 무너뜨릴 때 큰 공을 세운 장군이자, 왕 다음으로 신분이 높은 귀족이기도 했지요. 그런데 다른 귀족들과 함께 신문왕을 왕위에서 몰아내려고 한 거예요.

신문왕은 반역을 꾀한 김흠돌과 귀족들을 모두 죽였어요. 하지만 그것만으로는 부족하다고 생각했어요.

'통일된 나라를 제대로 다스리기 위해서는 왕인 내게 강력한 힘이 필요하다. 이 기회에 왕권을 위협하는 귀족들을 없애야 한다!'

44

신문왕은 역모에 참여하지는 않았지만 김흠돌과 가까이 지냈던 힘센 귀족까지 반역 세력으로 몰아 처형했답니다.

통일 신라의 귀족들은 삼국을 통일하는 과정에서 많은 땅과 노비를 얻었어요. 대부분 높은 벼슬자리에 있어 '녹읍'도 많이 받았지요.

녹읍은 관리가 일을 하는 대가로 나라에서 받는 땅이에요. 관리는 녹읍에서 나는 곡식을 세금으로 거두어 가질 수 있었어요. 또한 그곳에 사는 농민을 마음대로 부릴 수 있었답니다.

'귀족들은 엄청난 부를 누리고 있다. 더욱이 백성을 마음대로 부릴 수 있으니, 언제든 이들을 군사로 훈련시켜 왕을 위협할 수 있어.'

신문왕은 귀족의 힘을 누르기 위해 녹읍을 없앴어요. 그 대신 '관료전'을 주었지요. 관료전 역시 나라에서 관리에게 주는 땅이었지만, 땅에서 거둔 곡식만 세금으로 받을 수 있었어요. 그곳에 사는 백성들을 마음대로 부릴 권리는 없었지요. 또, 관직에서 물러나면 관료전을 도로 나라에 내놓아야 했어요.

유교를 받아들여 왕권을 튼튼히 하려고 했던 신문왕은 유학을 교육하는 기관인 국학을 만들기도 했어요.

역모 나라를 다스리는 왕을 몰아낼 반역을 꾀함.
반역 왕이나 군주에게서 나라를 다스리는 권한을 빼앗으려고 함.
왕권 임금의 권한.
관료전 통일 신라 시대에 관료들에게 지급한 토지.
유학 중국의 공자를 시조로 하는 전통적인 학문. 인(仁)과 예(禮)를 근본 개념으로 하여 이를 실천하는 것을 중요하게 여김.

Q1
반짝퀴즈

신문왕은 귀족의 힘을 누르기 위해 녹읍 대신 □□□을/를 지급했다.

이제부터 녹읍을 폐지하고 관료전을 지급할 것이다!

만파식적 이야기

『삼국유사』에는 신문왕 때의 만파식적 이야기가 전해 오고 있어요. 만파식적은 '커다란 파도를 잠재우는 피리'라는 뜻이에요.
신문왕은 행차에서 용을 만나고 돌아와 대나무로 피리를 만들게 했어요. 이 피리를 불면 적이 물러가고 질병이 낫고, 가뭄에는 비가 오고, 장마가 개고, 바람이 가라앉고, 물결이 평온해졌대요.
이 이야기는 불안한 정치를 진정시켜 평화가 오기를 바라는 신문왕 때 왕실의 소망을 담고 있어요.

만파식적을 본떠 만든
신라의 옥피리

군, 현 삼국 시대에서 조선 시대까지 있었던 지방 행정 구역의 하나. 통일 신라 시대에는 군이 현을 다스렸음.

행정과 군사 제도를 새롭게 고치다

신문왕은 왕권을 강화하는 한편, 신라를 다스릴 방법도 고민했어요.

'영토가 넓어지고 백성도 많아졌으니, 어떻게 해야 신라를 잘 다스릴 수 있을 것인가?'

고민 끝에 신문왕은 전국을 9개의 주로 나누었어요. 옛 고구려 땅과 옛 백제 땅, 본래 신라의 땅에 각각 3개의 주를 만들었지요. 각 주에는 군과 현을 두고 왕이 직접 관리를 보내 이곳을 다스렸어요.

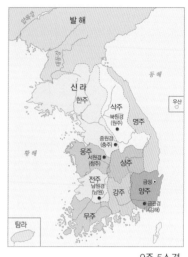

9주 5소경

또, '작은 도읍'인 5개의 소경을 만들었어요. 신라의 도읍인 서라벌은 한반도 동남쪽에 치우쳐 있었어요. 그래서 군사적, 행정적으로 중요한 곳을 소경으로 정해 작은 도읍의 역할을 하게 했어요.

신문왕은 옛 고구려와 백제, 가야의 귀족 가운데 일부를 소경으로 옮겨 살게 했어요. 또, 신라의 귀족들도 소경으로 가서 살게 했지요.

반란 정부나 지도자 등에 반대하여 내란을 일으킴.
말갈 한반도 북부와 만주 동북부 지역에 살았던 민족.
한주 신라 9주 가운데 하나로, 지금의 경기도 광주였음.

이렇게 한 데는 여러 가지 생각이 있었어요. 먼저 옛 고구려와 백제, 가야의 귀족들이 반란을 일으키는 것을 막기 위해서였어요. 또, 신라의 힘센 귀족들을 뿔뿔이 흩어 놓아 권력을 약하게

신문왕이 완성한 경주 감은사지 동서 삼층 석탑

만들려는 생각도 있었지요. 여러 나라 사람들이 서로서로 어울려 살면서 같은 신라 사람이 되었다고 느끼게 하려는 뜻도 있었답니다.

신문왕은 군사 제도도 새롭게 고쳐 '9서당 10정'을 두었지요. 9서당은 왕궁과 수도를 지키는 군대예요. 9서당에는 신라 사람은 물론이고, 옛 고구려와 백제, 말갈 사람도 있었어요. 과거에 어느 나라 사람이었는지 상관하지 않고, 모두 신라 백성으로 받아들였어요. '10정'은 지방을 지키는 군대로, 각 주에 1정씩 두었어요. 그리고 땅이 넓고 국경 지역이었던 한주에는 2개의 정을 두었지요.

신문왕은 신라를 잘 다스리기 위해 왕의 힘을 키우고, 제도를 새롭게 고쳤어요. 신라는 이로써 더욱 발전해 나갔지요.

Q2

🐰 **반짝퀴즈**

신문왕은 전국을 9개의 주로 나누고, 5개의 작은 도읍인 5□□을/를 만들었다.

□ □

9서당

난 백제 출신.

난 말갈 출신.

이제 우리는 모두 신라 군인이라네.

⭐ **통일 신라의 발전**

• 신문왕은 김흠돌의 난을 진압하고 여러 제도를 정비해 왕권을 강하게 만들었다.

• 신문왕은 녹읍을 폐지하고, 관료전을 지급해 귀족들의 힘을 약하게 만들었다.

• 신문왕은 전국을 9주로 나누고, 그 아래 군과 현을 설치해 지방관을 파견했다.

• 9주마다 작은 도읍의 역할을 하는 5소경을 두어 수도의 약점을 보완했다.

• 신문왕은 군사 제도를 고쳐서 중앙에는 9서당, 지방에는 10정을 두었다.

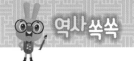 역사쏙쏙

1 다음 빈칸에 알맞은 숫자를 차례대로 쓰세요.

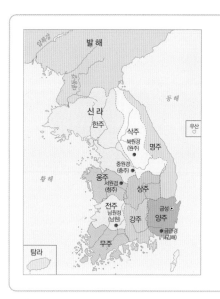

신라는 삼국을 통일한 후 넓어진 나라를 다스리기 위해 제도를 정비했다. 먼저 전국을 (　　)개의 주로 나누고 그 아래 군과 현을 두어 왕이 직접 관리를 보내 다스렸다.

또, 도읍인 서라벌이 동남쪽에 치우쳐 있는 단점을 보완하려고 작은 도읍인 (　　)개의 소경을 만들었다.

2 다음 9서당 10정에 관한 설명이 맞으면 ○표, 틀리면 X표 하세요.

(1) 9서당은 왕궁과 수도를 지키는 군대야.

(　　　　)

(2) 10정은 지방을 지키는 군대였어.

(　　　　)

(3) 9서당은 신라 사람으로만 이루어진 군대였어.

(　　　　)

(4) 땅이 넓고 국경 지역인 한주에는 2개의 정을 두었어.

(　　　　)

34회 기출 응용

3 다음 ⑺에 들어갈 왕은 누구입니까? (　　　　)

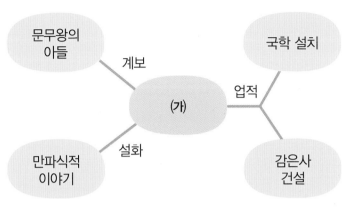

① 무열왕　　② 법흥왕　　③ 신문왕　　④ 문무왕　　⑤ 진흥왕

2주 1일
학습 끝!

붙임 딱지 붙여요.

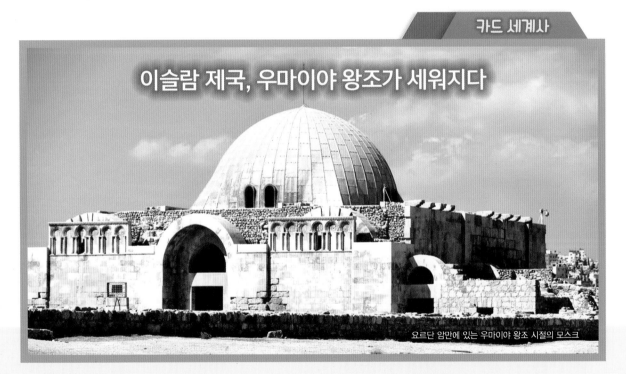

카드 세계사

이슬람 제국, 우마이야 왕조가 세워지다

요르단 암만에 있는 우마이야 왕조 시절의 모스크

신라가 삼국을 통일한 후 여러 제도를 고쳐 나갈 무렵, 이슬람에는 우마이야 왕조가 세워졌어요(661년). 이슬람에서는 지도자인 칼리프를 투표로 직접 뽑았는데, 이 칼리프 자리를 두고 다툼이 벌어졌어요. 결국 우마이야 가문의 무아위야가 칼리프가 되고, 무아위야가 자신의 자손에게 칼리프를 물려주면서 우마이야 왕조가 시작됐지요. 우마이야 왕조는 주변 지역을 정복하며 세력을 넓혔답니다.

왕조 왕과 같은 가문의 사람들이 대대로 왕위를 차지하고 다스리는 시대.

발해는 어떻게 세워졌나요?

공부한 날짜: ☐ 월 ☐ 일

발해의 역사를 다룬 책

조선 후기 실학자였던 유득공은 발해의 역사를 연구해 『발해고』라는 책을 남겼어요. 유득공은 이 책에서 발해가 고구려의 후계자라는 점을 통해 우리의 역사라는 것을 밝혔어요. 또, 우리가 '통일 신라'라고 부르는 시대는 발해와 신라가 함께 있었던 남북국 시대로 봐야 한다고 주장했지요. 이 책은 발해 역사를 독립적으로 다룬 유일한 책으로 알려져 있어요.

유득공, 『발해고』

대조영과 고구려 유민들, 당을 탈출하다

고구려가 신라와 당에 의해 무너졌지만, 고구려 사람들은 잃어버린 나라를 되찾기 위해 애썼어요. 그러자 당은 고구려 사람들을 강제로 이곳저곳에 옮겨 살게 했어요. 고구려 사람들이 힘을 합해 당에 대항하지 못하게 하려는 속셈이었지요.

고구려 유민은 특히 요서의 영주 지방으로 많이 끌려갔는데, 그 가운데에는 대조영 가족도 있었어요. 대조영의 아버지 걸걸중상은 고구려 장군이었지요. 당시 영주에는 말갈에서 끌려온 사람이 많았고, 원래 그곳에서 살던 거란족도 있었어요.

영주를 다스리는 당의 관리는 고구려 유민들과 거란족, 말갈 사람들을 가혹하게 대했어요. 악착같이 세금을 거두고, 세금을 내지 못하면 강제로 끌고 가 노비로 삼기도 했지요.

695년, 참다못한 거란족은 반란을 일으켜 당의 관리를 죽이고 영주를 차지했어요. 영주는 몹시 혼란스러워졌어요.

"이 틈을 이용해 고구려 사람들을 이끌고 당나라를 떠나자!"

"예, 아버지. 우리가 고구려를 잇는 새로운 나라를 세워요."

대조영과 아버지 걸걸중상은 고구려 유민을 이끌고 당을 탈출하기로 했어요. 그러자 말갈족의 우두머리인 걸사비우도 함께할 뜻을 밝혔어요. 이렇게 해서 대조영과 걸걸중상이 이끄는 고구려 유민, 걸사비우가 이끄는 말갈족은 당을 탈출해 동쪽으로 향했지요.

당은 걸걸중상과 걸사비우에게 벼슬을 주겠다며 사람들을 이끌고 돌아오라고 했어요. 걸걸중상과 걸사비우가 이를 단호하게 거절하자 당은 군대를 보내 이들을 뒤쫓았어요.

당의 군대는 먼저 걸사비우가 이끄는 말갈족을 공격했어요. 말갈족은 힘껏 싸웠지만 당 군대에 지고 말았어요. 말갈족을 이끌던 걸사비우가 전투를 벌이다 목숨을 잃었고, 대조영의 아버지 걸걸중상도 세상을 떠났지요.

유민 망하여 없어진 나라의 백성.

영주 현재 중국 랴오닝성의 차오양 시 일대.

탈출하다 어떤 상황이나 갇힌 곳에서 빠져나오다.

걸사비우 본래 고구려를 존경하여 따르던 말갈족의 지도자. 고구려 멸망 이후 당의 영주에 억지로 머물렀음.

☆☆ 반짝퀴즈 Q1

□□□와/과 그의 아버지 걸걸중상은 고구려 유민을 이끌고 당을 탈출했다.

□ □ □

이 틈에 당나라를 떠나자!

우리가 새로운 나라를 세워요!

고구려를 이어받은 나라를 세우다

대조영은 고구려 유민과 말갈족을 함께 이끌고 동쪽으로 향하다 천문령이라는 곳에 다다랐지요. 대조영은 용감하고 지략이 뛰어난 인물이었어요. 천문령 골짜기 양쪽에 군사들을 숨겨 두고, 당의 군대를 골짜기로 끌어들였어요.

"호랑이 굴로 들어온 당나라 군대를 공격하라!"

이 전투에서 대조영은 큰 승리를 거두었어요. 몇몇 당의 군사만이 가까스로 살아남아 천문령 골짜기에서 도망쳤지요. 천문령 전투에서 패한 당의 군대는 더는 대조영을 뒤쫓지 못했답니다.

대조영은 다시 사람들을 이끌고 옛 고구려 땅인 동모산에 도착했어요. 698년, 동모산 기슭에 성을 쌓고 새로운 나라 '진'을 세웠지요. 진은 나중에 나라 이름을 '발해'로 바꾸었어요.

"옛 고구려 땅인 이곳에 새로운 나라를 세운다! 발해는 고구려를 잇는 나라다!"

대조영이 발해가 고구려를 잇는 나라임을 분명히 밝히자, 주변에 흩어져 살던 고구려 유민이 발해로 모여들었어요. 또한 발해에는 대조영과 함께 당을 탈출한 말갈 사람이 많았고, 거란 사람도 있었어요.

대조영이 발해를 세운 동모산(중국 지린성 둔화시)

지략 어떤 일이나 문제든지 총명하게 기회를 잡아내 해결 대책을 능숙하게 세우는 뛰어난 슬기와 계략.
천문령 전투 696년 대조영이 이끄는 고구려 유민이 천문령에서 당군을 격파한 전투.
터전 일의 토대.

발해는 고구려의 옛 땅을 되찾으며 점점 영토를 넓혀 갔어요. 결국 당은 대조영을 '발해군왕'이라고 부르며 발해에 화해를 청했어요. 이것은 당이 발해를 어엿한 나라로 인정한다는 것이지요.

한반도 북쪽에 발해가 들어서면서 남쪽의 신라와 함께 '남북국 시대'가 열렸어요. 발해가 세워지면서 신라의 삼국 통일 과정에서 당에 빼앗겼던 고구려 땅을 되찾을 수 있었어요. 나아가 우리 민족이 북쪽으로 세력을 넓힐 수 있는 터전이 마련되었답니다.

반짝퀴즈 Q2

대조영은 새로운 나라 □□을/를 세워 이 나라가 고구려를 잇는 나라임을 밝혔다.

발해는 고구려를 잇는 나라다!

해동성국

⭐ 발해의 건국

- 대조영이 동모산 기슭에 도읍을 정하고 발해를 세웠다(698년).
- 대조영은 발해가 고구려를 잇는 나라임을 분명히 밝혔다.
- 발해는 고구려 유민을 중심으로 세워졌으며, 발해 주민에는 말갈인과 거란인도 있었다.
- 발해가 건국되면서 남쪽에는 신라, 북쪽에는 발해가 함께하는 남북국 시대가 열렸다.
- 당은 대조영을 '발해군왕'이라고 부르며 발해를 하나의 나라로 인정했다.

53

1 다음 장면에서 밑줄 친 '나'는 누구입니까? (   )

① 주몽　　　　　　　　② 비류　　　　　　　　③ 대조영
④ 걸걸중상　　　　　　⑤ 걸사비우

2 다음 중 발해의 건국에 대해 알맞게 말한 친구에게 <u>모두</u> ○표 하세요.

⑴ 한반도 북쪽에 발해가 들어서면서 남쪽의 신라와 남북국 시대를 열었어.

⑵ 발해가 세워졌지만, 옛날 고구려 땅은 계속 당의 영토였지.

⑶ 발해가 들어서면서 우리 민족이 북쪽으로 세력을 넓힐 수 있는 터전이 마련되었어.

(   )　　　(   )　　　(   )

3 다음 ㈎~㈐를 일이 일어난 차례에 맞게 기호를 쓰세요.

2주 2일
학습 끝!

붙임 딱지 붙여요.

(   ) ➡ (   ) ➡ (   )

카드 세계사

샤를 스투벵, 「푸아티에 전투」

대조영이 발해를 세울 무렵, 우마이야 왕조가 다스리는 이슬람 세력은 여러 지역에서 힘을 떨쳤어요. 이들은 어느새 피레네 산맥을 넘어 유럽의 프랑크 왕국을 침략했지요. 프랑크 왕국의 궁재 카를 마르텔은 기병대를 이끌고 푸아티에에서 우마이야 군대와 맞붙어 이겼어요(732년). 이 전투는 프랑크 왕국이 세력을 넓히던 이슬람 세력을 물리쳐 유럽의 기독교 세계를 보호한 전쟁으로 널리 알려졌어요.

프랑크 왕국 프랑크족이 현재 프랑스, 독일, 이탈리아 지역에 세운 왕국.
궁재 왕실의 일을 맡아보는 높은 관직.

발해를 왜 '해동성국'이라고 불렀나요?

고구려를 이어받은 발해

당의 역사를 쓴 『구당서』에는 발해를 세운 대조영이 '고려 별종'이라고 기록되어 있어요. 일본 나라현에서 발견된 목간의 기록에 따르면, 발해에 보낸 일본 사신을 '견고려사'라고 불렀지요. 또, 일본의 역사를 담은 『속일본기』에는 발해의 문왕이 일본 외교 문서에 자신을 '고려 국왕'이라고 부른 사실이 나타나 있어요. 이로 미루어 당시 중국과 일본은 발해가 고려 즉, 고구려를 이어받은 나라라고 인정했음을 알 수 있지요.

고왕 대조영이 죽은 뒤 업적을 칭송하여 붙인 이름.
흑수말갈 지금의 헤이룽장성에 살던 말갈의 한 부족.

영토를 넓히고 제도를 정비하다

발해를 세운 고왕 대조영이 세상을 떠나고, 그의 아들이 왕위에 올라 '무왕'이 되었어요. 무왕은 아버지가 당과 싸우며 나라를 세우는 모습을 지켜보았어요.

장문휴가 공격한 산둥반도의 등주성

'아버지가 힘겹게 세운 발해가 강한 나라로 자리 잡으려면, 우선 영토를 넓혀야 한다!'

무왕은 주변 지역을 정복하며 옛 고구려 땅을 빠르게 되찾아 나갔지요. 발해가 성장하자 당은 긴장했어요. 그래서 말갈 부족인 흑수말갈의 우두머리에게 높은 벼슬을 주며 당의 편으로 끌어들였어요.

이를 알게 된 무왕은 당으로 군대를 보냈어요. 당시 당은 발해와 비교할 수 없을 만큼 크고 힘센 나라였어요. 그러나 732년, 장문휴가 이끄는 발해군은 용맹하게 당의 산둥 지방을 공격하고 돌아왔어요. 당이 발해를 함부로 침략하지 못하도록 무왕이 따끔하게 경고한 것이지요.

무왕의 뒤를 이어 '문왕'이 발해를 다스리게 되었어요.

'발해가 더욱 발전하려면 앞선 제도와 문화를 받아들여야 한다.'

문왕은 당과 사이좋게 지내기로

발해의 3성 6부

했어요. 당시 가장 발달한 나라였던 당의 문물을 적극적으로 받아들였지요. 당의 제도를 본떠서 나라를 다스리는 기관을 '3성 6부'로 구성했어요. 하지만 발해가 당의 제도를 그대로 따른 것은 아니에요. 당과 발해의 3성 6부는 각 조직의 이름과 운영하는 방법에 차이가 있었지요.

발해의 왕들은 발해가 고구려를 잇는 나라이며, 당과 대등한 지위를 갖고 있음을 당당히 밝혔어요. 그래서 독자적인 연호를 사용해서 발해가 독립된 주권을 가진 국가라는 것을 다른 나라에 알렸어요.

문왕은 '대흥'이라는 연호를 사용하며, 일본에 보내는 문서에서 자신을 '고려(고구려) 국왕'으로 칭했어요. 또 자신을 '하늘의 자손'으로 표현하기도 했답니다.

장문휴 남북국 시대 당의 등주를 공격한 발해의 장군.
연호 왕이 왕위에 오른 해에 붙이는 이름.
주권 국가의 뜻을 최종적으로 결정하는 권력.

반짝퀴즈 Q1

발해의 제2대 임금인 □□은/는 주변 지역을 정복해 발해 영토를 넓히는 데 힘을 쏟았다.

앞선 제도와 문화를 받아들여 발해를 더욱 발전시키려 하오.

발해의 오랜 도읍, 상경성
발해의 상경성은 크게 바깥쪽 성과 안쪽 성으로 이루어졌어요. 성안에는 남북을 가로지르는 큰길인 주작대로가 있었지요. 문왕은 상경에서 동경으로 도읍을 옮겼고, 발해의 제5대 임금인 성왕은 다시 도읍을 상경으로 옮겼어요. 그 뒤 상경은 발해가 멸망할 때까지 130여 년 동안 발해의 도읍이었지요.

발해 상경성 용천부 우물,
팔보 유리정

장안성 중국 산시성 시안시의 옛 이름. 당의 도읍지였음.
무역 나라와 나라 사이에 물건을 사고팔고 함.

발해, '해동성국'으로 불리며 전성기를 맞다

문왕은 동모산이 발해의 도읍으로 부족하다고 생각했어요. 그래서 나라를 잘 다스릴 수 있는 곳을 찾아 자그마치 세 번이나 발해의 도읍을 옮겼답니다.

처음 옮겨 간 곳은 '중경 현덕부'였어요. 이곳은 땅이 넓고, 주변에 크고 작은 강이 많았어요. 농사를 짓기 좋은 곳이라 쌀이 많이 생산되고, 철도 많이 났지요. 그러나 발해의 남쪽에 치우쳐 있다는 문제가 있었어요.

문왕은 다시 '상경 용천부'로 도읍을 옮겼어요. 상경이 발해 한가운데에 있어서 전국을 쉽게 오갈 수 있었거든요. 문왕은 중국의 도읍인 장안성을 본떠서 상경성을 만들었답니다.

하지만 문왕은 또다시 도읍을 '동경 용원부'로 옮겼어요. 동경은 바닷길을 이용해서 무역을 하기 좋다는 장점이 있었지요. 이처럼 문왕이 세 번이나 도읍을 옮긴 덕분에 발해의 여러 지역이 고르게 발전했어요. 문왕은 57년 동안이나 발해를 잘 다스렸지요.

문왕이 세상을 떠난 뒤, 발해에서는 왕위 다툼이 벌어졌어요. 25년 동안 여섯 번이나 왕이 바뀌면서 나라가 어지러웠지요.

58

그러나 선왕이 제10대 임금이 되면서 안정을 되찾았어요. '발해의 영토를 더욱 넓히고 힘도 키우리라!'

선왕은 북쪽으로 영토를 크게 넓히고, 오랜 골칫거리였던 흑수말갈도 정복했어요. 신라를 공격해 남쪽으로도 땅을 넓혔지요. 발해는 선왕 때 가장 넓은 영토를 갖게 되었

발해의 전성기(9세기)

선왕 남북국 시대 발해의 제10대 왕. 대조영의 동생인 대야발의 4대손으로, 발해의 전성기를 이루었음.

어요. 선왕은 넓어진 나라를 잘 다스리기 위해 중경, 상경, 동경에 더해 남경과 서경까지 5경을 새로 두었어요. 5경은 발해의 정치, 경제, 문화의 중심지 역할을 했어요.

선왕이 다스리던 시절, 발해는 강하고 풍요로운 나라로 성장했어요. 그래서 당에서는 발해를 '해동성국'이라고 불렀지요. 해동성국은 海(바다 해), 東(동녘 동), 盛(번성할 성), 國(나라 국)을 합친 말로, '바다 동쪽에 있는 번성한 나라'라는 뜻이랍니다.

Q2

□□이/가 다스리던 시절 당은 발해를 '해동성국'이라고 불렀다.

⭐ 발해의 발전

- 무왕은 북만주 일대로 영토를 넓혔고, 당의 산둥 지방을 공격했다(732년).
- 문왕은 상경으로 수도를 옮기고, 당과 사이좋게 지내며 당의 문물을 받아들였다.
- 문왕은 당의 제도를 본떠 3성 6부를 만들었으나, 이름과 운영 방법에 차이가 있었다.
- 선왕은 수도였던 중경, 상경, 동경 외에 남경과 북경까지 5경을 두어 중심지로 삼았다.
- 선왕 때 발해는 가장 넓은 영토를 가지며 전성기를 맞았고 '해동성국'이라 불렸다.

1 다음 발해 왕이 한 일로 알맞은 것끼리 선으로 이으세요.

(1) 무왕 •

• ① '대흥'이라는 독자적인 연호를 사용하고, 발해의 도읍을 세 번이나 옮겼다.

(2) 문왕 •

• ② 당이 흑수말갈과 손을 잡자, 장문휴를 보내 당의 산동 지방을 공격했다.

2 다음 (가)에 공통으로 들어갈 말을 보기에서 찾아 쓰세요.

발해의 전성기

선왕이 다스리던 시절, 발해는 북쪽과 남쪽으로 영토를 넓히며 강하고 풍요로운 나라로 성장했다. 그래서 당에서는 발해를 ' (가) '(이)라고 불렀다.

(가) 은/는 '바다 동쪽에 있는 번성한 나라'를 뜻하는 말이다.

> 보기   남북국   흑수말갈   해동성국   동방예의지국

(   )

3 다음 (가)에 들어갈 나라의 이름을 쓰세요. (   )

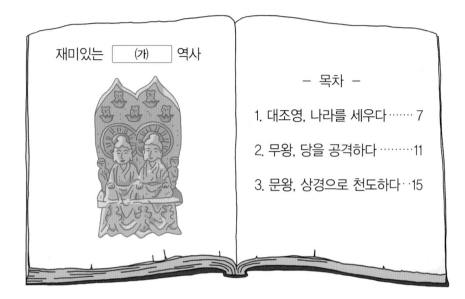

재미있는 [(가)] 역사

2주 3일
학습 끝!

붙임 딱지 붙여요.

문왕이 발해를 다스릴 무렵, 프랑크 왕국에서는 피핀 3세가 왕위에 오르며 카롤루스 왕조가 세워졌어요(751년). 피핀 3세는 푸아티에 전투에서 이슬람 세력을 물리친 카를 마르텔의 아들이에요. 카를 마르텔이 죽은 뒤, 피핀 3세는 프랑크 왕국의 지도자 역할을 했어요. 그러다가 결국 허수아비였던 왕을 쫓아내고 로마 교황의 지지를 받아 스스로 프랑크 왕국의 왕이 되었답니다.

카롤루스 왕조 피핀 3세의 가문에 이름이 '카를'인 사람이 많아 피핀 3세가 연 왕조를 '카롤루스 왕조'라고 함.

장보고를 왜 '바다의 왕'이라고 부르나요?

공부한 날짜: [ ]월 [ ]일

당에서 활약한 장보고

장보고는 20대 초반에 당으로 건너가 서주에 있던 '무령군'에 들어갔어요. 무령군은 당 조정이 돈을 주고 외국인들을 고용해 만든 군대로, 이들은 주로 지방의 반란군을 진압하는 일을 맡았어요. 장보고는 산둥에서 일어난 반란군을 진압해 큰 공을 세우고 30세에 당의 무령군 소장이 되었어요. 『삼국사기』에 따르면, 당시 장보고는 말을 타고 칼을 쓰는 데 당할 자가 없었다고 해요.

장보고, 신라 사람들의 고통을 목격하다

통일을 이룬 신라는 한동안 태평성대를 누렸어요. 하지만 시간이 지나면서 점점 흔들리기 시작했어요. 귀족들이 왕위를 차지하기 위해 반란을 일으키거나 재산을 불리며 사치를 일삼았거든요.

그러던 때에 완도 부근의 어느 섬에서 '장보고'가 태어났어요. 장보고는 무예가 아주 뛰어났어요. 활쏘기를 잘했고, 말을 타고 창을 휘두르는 솜씨도 훌륭했지요. 하지만 신분이 낮아서 벼슬에 오를 수가 없었어요.

'아! 신라에서는 나라를 위해 일할 기회조차 없구나. 그렇다면 당나라로 가자. 내 실력을 인정받을 기회가 있을 것이다.'

장보고는 큰 뜻을 품고 당으로 향했어요. 장보고는 뛰어난 무술 실력을 발휘하며 전투를 승리로 이끌었지요. 그 공을 인정받아 무령군 소장이라는 벼슬에 올라 군대를 이끄는 무관이 되었어요.

그러던 때에 장보고는 해적에게 사로잡혀 당에
노예로 팔리는 신라 사람들을 보게 되었어요.

당시 신라 주변의 바다에서는 해적들이 활개를
치고 있었어요. 해적들은 물건을 싣고 가는 배를
공격하는 것은 물론이고, 신라 사람들을 잡아다 당
에 노예로 팔기도 했지요. 하지만 신라에서는 해적
을 막지 못하고 있었어요.

'당나라에 살고 있지만 나는 신라 사람이지 않은
가? 해적 때문에 신라 백성이 고통을 겪는 모습
을 가만히 두고 볼 수가 없구나.'

장보고는 신라를 다스리고 있던 흥덕왕을 찾아갔어요.

"제가 청해에 진영을 설치해 해적들이 신라 사람들을 붙잡아
가지 못하도록 하겠습니다."

장보고의 늠름한 말에 흥덕왕은 고개를 끄덕였어요. 1만 명
의 군사를 주며 장보고를 청해진 대사로 임명했지요.

장보고 동상

태평성대 나라가 안정되어 아
무 걱정 없이 평안한 시절.
무관 군사 일을 맡은 관리.
흥덕왕 신라 제42대 왕. 장보
고의 건의를 받아들여 청해진
을 지키게 했음.
청해 전라남도 완도군의 옛
이름.
진영 군대가 진을 친 곳.
대사 청해진 지역을 다스리는
우두머리.

반짝퀴즈　Q1

신분이 낮았던 □□□은/는 당으
로 건너가 뛰어난 무술 실력으로
무관이 되었다.

아니, 신라 사람들이
노예로 팔려 가다니……

장보고, 청해진의 바다를 호령하다

장보고는 완도에 청해진이라는 해군 기지를 설치했어요. 그곳에서 군사들을 훈련시킨 뒤, 바다로 나갔지요.

"해적을 소탕하고 신라 사람들을 구하라!"

장보고가 이끄는 신라 함대는 물살을 가르며 해적선을 쫓았어요. 노략질을 일삼던 해적을 물리치고, 붙잡힌 신라 사람들을 구했지요.

장보고는 신라와 당, 그리고 신라와 일본 사이의 바다를 누볐어요. 그곳에서 활동하던 해적을 모조리 소탕했답니다. 해적들은 장보고가 두려워 신라 주변의 바다에는 얼씬도 하지 못했어요.

장보고가 바닷길을 든든히 지켜 주었기 때문에 배들도 안전하게 신라를 오갈 수 있었어요. 신라는 활발하게 무역을 벌여 큰 이익을 얻었어요. 청해진은 동남아시아의 중요한 무역 중심지가 되었지요.

장보고는 신라와 당, 일본을 다니며 중계 무역으로 이익을 남겼어요. 중계 무역이란 다른 나라에서 사들인 물건을 또 다른 나라에 파는 거예요.

이제 장보고는 부와 권력을 가
진 인물이 되었어요.

신라의 제45대 임금인 신무왕
은 장보고의 딸을 다음 왕의 왕비
로 삼겠다고 했어요. 그러자 귀족
들이 세차게 반대하고 나섰어요.

장보고가 지은 법화사 터(전라남도 완도군)

결국 신무왕의 뒤를 이은 문성왕은 장보고의 딸을 왕비로 맞이할 수
없었어요. 귀족들은 장보고를 몹시 경계했답니다.

"청해진 대사는 본래 관직에 오를 수 없는 평민 출신이 아닙니까?"
"그런 자가 큰 힘을 갖고 있으니, 군대를 일으키기라도 한다면
우리는 목숨을 부지하기 어려울 것이오."

귀족들은 몰래 사람을 보내 장보고를 죽였어요. 그러고는 청
해진마저 없애 버렸지요.

함대 두 척 이상의 군함으로
이루어진 해군 부대.
노략질 떼를 지어 돌아다니며
사람을 해치거나 재물을 강제
로 빼앗는 짓.
경계하다 뜻밖의 사고가 생기
지 않도록 조심하여 단속하다.
부지하다 상당히 어렵게 보존
하거나 유지하여 나가다.

반짝퀴즈 Q2

장보고는 완도에 '□□□'(이)라는
해군 기지를 설치했다.

해적들을 소탕하고
신라 사람들을
구해 내라!

공격하라!

⭐ **장보고의 활약**

- 신라의 장보고는 당으로 건너가 무술 실력을 인정받아 무관이 되었다.
- 장보고는 신라의 흥덕왕에게 진영을 설치하자고 건의해 청해진의 대사가 되었다.
- 장보고는 청해진을 짓고(828년) 군대를 훈련시켜 해적을 소탕했다.
- 장보고를 경계한 귀족들은 몰래 사람을 보내 장보고를 죽이고 청해진도 없앴다.

1 다음 중 밑줄 친 '나'에 해당하는 인물은 누구입니까? (   )

나는 신라 사람으로 완도에 '청해진'이라는 해군 기지를 설치했어. 그리고 군사들을 훈련시킨 뒤 바다로 나가, 해적을 소탕하고 붙잡힌 신라 사람들을 구해 냈지.

① 대조영   ② 흥덕왕   ③ 장영실
④ 소손녕   ⑤ 장보고

2 다음 중 장보고에 대해 알맞게 말한 친구에 <u>모두</u> ○표 하세요.

(1) 신라 사람으로 신분이 높은 사람이었어.

(   )

(2) 당에 건너가 군대를 이끄는 무관이 되었어.

(   )

(3) 흥덕왕을 찾아가 청해에 진영을 설치해야 한다고 건의했어.

(   )

(4) 세력이 커지자 위협을 느낀 귀족들이 사람을 보내서 죽였어.

(   )

2주 4일
학습 끝!

붙임 딱지 붙여요.

42회 기출 응용

3 다음 질문의 대답으로 알맞지 <u>않은</u> 친구의 이름을 쓰세요.

> 장보고가 바다를 지키자 어떤 일이 생겼나요?

- 건호: 배들이 안전하게 신라를 오갔어요.
- 준우: 나라 간에 활발했던 무역이 멈췄어요.
- 윤진: 청해진이 동남아시아의 무역 중심지가 되었어요.

(   )

카드 세계사

바다에서 바이킹이 나타났다

바이킹 복장으로 바이킹 축제에 참여한 사람들

옛날에는 많은 물건을 실어 나를 때 주로 바닷길을 이용했어요. 그래서 바다에는 물건을 노리는 해적이 활개를 쳤지요. 해적들 가운데 가장 유명한 해적은 '바이킹' 이에요. 스칸디나비아반도에 살던 바이킹은 항해술이 뛰어났고 모험심도 강했어 요. 인구가 늘어나 식량이 부족해진 바이킹이 유럽 곳곳에서 약탈을 벌이자 유럽 사람들은 바이킹을 몹시 두려워했어요.

항해술 배를 타고 바다를 다니는 기술.

신라의 신분 제도는 어떤 문제점이 있었나요?

골품제로 엄격하게 신분을 나누다

신라에는 오래전부터 이어져 온 '골품제'라는 신분 제도가 있었어요. 골품제의 '골품'은 왕족을 뜻하는 '골'과 왕족이 아닌 사람을 뜻하는 '두품'의 '품'이 합쳐진 말이에요.

왕족인 '골'은 다시 '성골'과 '진골'로 나누어졌어요. 부모가 모두 왕족인 사람은 '성골', 한 부모만 왕족인 사람은 '진골'이라고 했지요. 성골이 신라에서 가장 높은 신분이고, 진골이 그다음으로 높았어요.

왕족이 아닌 '두품'은 6두품에서 1두품까지 나뉘어 있었어요. 6두품이 제일 높고, 5두품, 4두품처럼 숫자가 낮아질수록 신분이 낮아졌지요. 보통 백성은 평민으로 두품 아래의 신분이었지만 시간이 지나면서 1두품에서 3두품도 평민과 똑같은 대우를 받았어요.

신라의 골품제는 아주 엄격한 신분 제도였어요. 골품에 따라 올라갈 수 있는 관직에 한계가 있었거든요.

골품제가 탄생시킨 여왕

신라에서는 원래 성골만이 왕위에 오를 수 있었어요. 그러나 신라의 제26대 임금인 진평왕에게는 아들이 없었고, 신라에는 왕위를 이을 성골 남자가 남아 있지 않았지요. 그래서 진평왕의 맏딸인 덕만 공주가 왕위에 올라 선덕 여왕이 되었어요. 우리나라 최초의 여왕이 골품제 때문에 탄생한 것이랍니다.

선덕 여왕

심지어 신분에 따라 집의 크기, 입는 옷의 색깔, 사용하는 물건까지 정해져 있었답니다.

신라에서는 대대로 성골이 왕의 자리에 올랐어요. 하지만 신라가 삼국을 통일할 무렵에는 신라에 성골이 남아 있지 않았어요. 그래서 성골 다음으로 높은 신분인 진골이 왕위에 오르게 되었지요. 삼국을 통일하기 위해 당과 손을 잡았던 김춘추가 진골로서는 처음으로 무열왕이 되었고, 무열왕 때부터 진골이 왕위에 올랐지요.

골품제 때문에 신라에서 높은 벼슬은 다 진골 귀족이 차지했어요. 그러다 보니 진골 바로 아래 신분인 6두품은 불만이 컸지요. 아무리 능력이 뛰어나도 진골처럼 높은 벼슬에 오를 수 없었으니까요.

그래서 6두품 가운데는 아예 벼슬길에 나가는 것을 포기하고 학문을 닦는 데만 몰두하는 사람이 많았어요. 뜻을 펼치기 위해 신라를 떠나 당으로 가는 사람도 많았지요. 통일 신라의 뛰어난 학자인 '최치원'이 대표적인 인물이었어요.

신분 제도 신분을 몇 등급으로 나누어 자손 대대로 물려주고 물려받는 제도.
한계 사물이나 능력, 책임 등의 범위.
몰두하다 어떤 일에 온 정신을 다 기울여 열중하다.

반짝퀴즈　Q1

신라에는 엄격한 신분 제도인 □□□이/가 있었다.

□　□　□

너희들은 6두품이라 대아찬 같이 높은 벼슬에는 못 오르지?

첫! 내가 더 능력 있는데, 저 벼슬에 오를 수 없다니!

최치원, 골품제의 벽에 가로막히다

최치원은 네 살 때 글을 읽었다고 전해질 정도로 영특했어요. 그러나 6두품이었기 때문에 신라에서는 높은 벼슬에 오를 수 없었지요. 최치원은 열두 살 어린 나이에 당으로 유학을 떠났어요. 열여덟 살에 '빈공과'라는 과거 시험에서 당당히 장원을 차지했지요. 최치원은 당에서 관직에 올라 일을 하게 되었어요.

최치원

그러던 때에 당에서 황소라는 사람이 반란을 일으켰어요. 최치원은 황소를 향해 「토황소격문」이라는 글을 썼어요. 황소의 잘못을 꾸짖으며, 죄를 뉘우치고 항복하라는 내용이었지요. 그런데 최치원이 어찌나 글을 잘 썼는지 「토황소격문」을 읽던 황소가 깜짝 놀라 의자에서 굴렀다고 해요. 이 글로 최치원은 당에서 이름을 떨쳤어요.

당에서 여러 벼슬을 지낸 최치원은 17년 만에 신라로 돌아왔어요. 그동안의 경험을 바탕으로 신라를 위해 일하고 싶었거든요.

놀랄 만도 하지. 최치원의 글 솜씨가 기막히네.

어이쿠!

그런데 신라에 돌아오니, 귀족들은 나랏일을 뒷전으로 미루고 권력만 쫓고 있었어요.

최치원은 나라를 걱정하며 진성 여왕에게 '시무 10여 조'라는 글을 올렸어요(894년). 지금 신라에서 해야 할 일을 제안한 거예요.

하지만 귀족들의 반대로 최치원의 제안은 받아들여지지 않았어요. 당시 최치원은 6두품이 오를 수 있는 가장 높은 관직에 있었지만, 진골 귀족의 반대를 넘을 수 없었지요.

'골품제의 벽이 높아 신라에서 내가 할 수 있는 일이 없구나.'

실망한 최치원은 관직에서 물러나 다시는 벼슬길에 나가지 않았어요. 이처럼 신라에서는 나라를 위해 열심히 일하려는 사람들이 골품제 때문에 뜻을 펼칠 수 없었어요. 신라는 차츰 기울어 가고 있었지요.

최치원이 비문을 쓴 봉암사 지증대사탑비

진성 여왕 신라의 제51대 왕. 왕의 자리에 있는 동안 나라가 혼란에 빠졌으며 후삼국으로 다시 나누어지게 되었음.
시무 지금 나라를 위해 급하게 해야 할 일을 건의하는 글.

Q2
반짝퀴즈

최치원은 신라를 걱정하여 진성 여왕에게 '□□ 10여 조'라는 글을 올렸다.

6두품 주제에 어디 감히!

골 품제의 벽이 너무 높구나!

★ **신라의 신분 제도**

• 신라에는 출생 신분에 따라 등급을 나누는 '골품제'라는 엄격한 신분 제도가 있었다.

• 골품제 때문에 높은 벼슬을 할 수 없었던 6두품들은 불만이 컸다.

• 6두품들은 정치보다 학문에 힘쓰거나 뜻을 펼치려고 당으로 떠나는 경우가 많았다.

• 6두품이었던 최치원은 당에 가서 실력을 인정받고 벼슬을 지낸 뒤 신라에 돌아왔다.

• 최치원은 진성 여왕에게 '시무 10여 조'를 제안했으나, 진골 귀족의 반대로 받아들여지지 않았다.

1 다음 골품제에 대한 설명이 맞으면 ○표, 틀리면 X표 하세요.

(1) 신라에 있었던 엄격한 신분 제도이다.　　　　　　　　（　　　）

(2) 골품제에서 가장 높은 신분은 두품이다.　　　　　　　（　　　）

(3) 골품이 낮아도 높은 벼슬을 할 수 있었다.　　　　　　（　　　）

2 다음 ㈎에 공통으로 들어갈 인물의 이름을 쓰세요.

　　당에서 황소가 반란을 일으키자, ⟨㈎⟩은/는 황소를 향해 「토황소격문」이라는 글을 썼다. 「토황소격문」은 황소의 잘못을 꾸짖고, 반란에 성공할 수 없으니 죄를 뉘우치고 항복하라는 내용을 담은 글이었다. 이 글로 ⟨㈎⟩은/는 당에서 이름을 떨쳤다.

　　　　　　　　　　　　　　　　（　　　　　　　）

3 다음 밑줄 친 '이 사람'이 진성 여왕에게 바친 글은 무엇입니까? (   )

이 비문은 신라 학자인 <u>이 사람</u>이 썼어.

6두품 출신으로 당에서 높은 벼슬을 했어. 『계원필경』이라는 책도 썼지.

봉암사 지증대사탑비(경상북도 문경시)

① 『삼국유사』　　　② 불교 경전　　　③ 『조선경국전』
④ 시무 10여 조　　　⑤ 『왕오천축국전』

2주 5일 학습 끝!

붙임 딱지 붙여요.

카드 세계사

인도, 카스트 제도로 신분을 나누다

- 브라만(승려)
- 크샤트리아(왕족, 장군)
- 바이샤(농민, 상민)
- 수드라(노예)

신라의 골품제처럼 인도에도 엄격한 신분 제도인 '카스트 제도'가 있었어요. 카스트 제도에서 가장 높은 신분은 힌두교 승려인 '브라만'이고, 그다음은 왕족과 장군으로 구성된 '크샤트리아'였어요. 세 번째는 농민과 상인인 '바이샤', 가장 낮은 신분은 노예 '수드라'였답니다. 카스트 제도는 직업으로 사람의 신분을 나누었어요. 그래서 인도 사람들은 신분과 함께 직업도 물려받았어요.

힌두교 인도 사람들이 믿는 민족 종교.

PART3

통일 신라와 발해의 사회·문화

삼국 통일 후 신라는 불교를 바탕으로 고구려와 백제의 문화를 아우르며
수준 높은 문화를 이루어 나갔어요. 고구려를 계승한 발해 역시 발해만의
독특한 문화를 발전시켰지요. 통일 신라와 발해의 문화유산을 살펴보며
통일 신라와 발해의 사회 모습을 상상해 봐요.

통일 신라와 발해는 다른 나라와 어떻게 교류했나요?

장보고가 세운 적산법화원

당에는 신라 사람들이 세운 절인 '신라원'이 여럿 있었는데, 그 가운데서 장보고가 세운 적산법화원이 가장 유명했어요. 법화원은 절이지만, 신라와 연락을 주고받는 일을 했어요. 신라에서 유학 온 학생과 스님을 돕기도 했지요.

적산법화원(중국 산둥성 웨이하이시)

당항성 지금의 경기도 화성시 서신면 상안리 구봉산에 위치한 산성.
산둥반도 중국 산둥성 동쪽을 차지하는 반도.
등주 중국 산둥반도의 가장 북쪽에 자리 잡은 당 때의 대외 무역 항구.

통일 신라가 당, 왜와 활발히 교류하다

삼국을 통일한 신라는 전쟁에 힘을 쏟지 않아도 되었어요. 나라가 빠르게 안정되자, 신라는 주변 여러 나라와 교류하기 시작했어요. 신라가 가장 활발하게 교류한 나라는 중국의 당이에요.

신라 사람들은 당항성에서 배를 타고 황해를 건너 중국의 산둥반도로 갔어요. 그것이 당으로 가는 가장 빠른 길이었어요. 그곳에서 다시 당의 도읍인 장안으로 가거나, 당의 동쪽 해안에 있는 여러 도시를 돌아다니며 무역을 했지요.

그래서 당은 신라 사람들이 많이 드나드는 산둥반도의 등주에 '신라관'을 설치했어요. 신라관은 신라에서 온 사신과 스님이 머물며 쉴 수 있는 곳이었어요. 신라의 상인이 당으로 많이 건너갔기 때문에 등주를 비롯해, 동쪽 해안의 여러 도시에는 신라인이 모여 사는 마을인 '신라방'이 생겼어요. 여기에 신라 사람들이 세운 절인 '신라원'과 당이 신라 사람들을 관리하기 위해 만든 관청인 '신라소'도 만들어졌답니다.

"이번에는 딩나리에 가서 무엇을 팔 건가?"

76

"금과 은으로 만든 장신구를 팔 거라네. 당나라 귀족들에게 신라의 금은 세공품은 인기가 끝내주거든."

신라 사람들은 당에 금은 세공품과 인삼, 동물의 털가죽인 모피를 많이 팔았어요. 돌아올 때는 당의 비단과 약재, 책 등을 사 왔지요. 또, 당을 통해 서역의 보석과 향신료도 들여왔어요. 당시 서역과 활발히 교류하던 당에는 서역의 물건도 많이 들어와 있었지요.

신라는 울산 지역의 항구를 이용해 일본과도 활발히 교류했어요. 신라 사람들은 일본에 동물의 털로 짠 옷감인 모직물과 놋그릇 같은 금속 제품을 많이 팔았어요. 일본에서 돌아올 때는 견직물과 풀솜을 사 왔지요.

그러다 장보고가 해적을 소탕하기 위해 청해진을 설치한 뒤에는 청해진이 무역의 중심지가 되었어요. 신라는 청해진에서 당과 일본을 오가며 중계 무역을 벌여 큰 이익을 얻었어요.

신라의 대외 문물 교류와 항로

세공품 잔손을 많이 들여 정밀하게 만든 물건.
약재 약을 짓는 데 쓰는 재료.
서역 중국의 서쪽에 있는 여러 나라를 일컫는 말.
향신료 음식물에 맵거나 향기로운 맛을 더하는 조미료.
견직물 누에고치가 뽑은 실인 명주로 짠 옷감.
풀솜 실을 켤 수 없는 허드레고치를 삶아서 늘여 만든 솜.

반짝퀴즈 Q1

당에는 신라에서 온 사신과 스님이 머물며 쉴 수 있는 곳인 □□□이/가 있었다.

동경이 있던 곳인 팔련성의 표지석(중국 지린성 훈춘시)

발해, 다섯 길로 주변 나라와 교류하다

발해도 신라처럼 주변의 여러 나라와 활발하게 교류했어요. 우선 발해는 도읍인 상경에서 남경, 서경, 동경 등 발해의 중요한 도시를 쉽게 오갈 수 있는 길을 닦았어요. 여기에서 주변의 거란과 당, 왜, 그리고 신라로 갈 수 있는 다섯 갈래의 길을 만들었지요. 이 길을 통해서 여러 나라를 오가며 무역을 벌였답니다.

발해 역시 중국의 당과 가장 활발하게 교류했어요. 당을 오갈 때는 육지의 길과 바닷길을 모두 이용했어요. 발해는 당에 말과 모피, 약재, 공예품을 팔았어요. 당에서 돌아올 때는 비단과 책, 붓, 벼루, 종이 같은 문구류를 사 왔지요.

발해가 당과 활발히 교류했기 때문에 등주의 신라관 옆에는 '발해관'도 나란히 자리했어요. 발해의 사신들은 발해관에 머물렀지요.

통일 신라와 발해는 각각 남쪽과 북쪽에 자리 잡고 있으면서 남북국 시대를 이루었어요. 두 나라는 서로 맞서며 경쟁하는 사이였지만 사이가 아주 나쁘지는 않았어요. 발해에서 신라를 오가는 길인 '신라도'도 있었지요.

신라도는 발해의 수도인 상경에서 신라의 국경 지역인 천정군으로 이어져 있었어요. 이 길에는 발해 사람들이 신라에 갈 때 말을 갈아타며 쉴 수 있는 역이 39개나 있었지요.

발해 사람들이 이 길을 따라 신라로 들어간 뒤에는 동해 쪽으로 난 길을 따라 서라벌에 다다랐어요. 이를 통해 발해와 신라가 서로 교류하며 지냈다는 것을 알 수 있지요.

발해는 멀리 왜와도 활발하게 교류했어요. 왜에 사신을 자주 보냈는데, 한 번에 100명이 넘는 사절단이 간 적도 있었어요. 또, 왜에 사신을 보낼 때는 상인들이 함께 가기도 했지요. 발해는 왜에 모피와 약재를 팔고, 옷감과 황금 등을 들여왔답니다.

발해의 대외 교류

천정군 함경남도 덕원군의 신라 때 이름.
사절단 나라를 대표하여 일정한 사명을 띠고 외국에 파견되는 사람들의 무리.

Q2
☆ 반짝퀴즈

발해는 신라로 가는 길인 □□□을/를 오가며 신라와 교류했다.

왜에는 담비 가죽이 최고지!

발해

★ 통일 신라와 발해의 대외 교류
- 통일 신라는 당과 가장 활발하게 문물을 교류했다.
- 당에는 신라인의 거주지(신라방)와 감독관청(신라소), 절(신라원), 숙박 시설(신라관)이 있었다.
- 장보고는 청해진을 중심으로 당과 왜 사이에서 중계 무역을 벌여 큰 이익을 얻었다.
- 발해는 주변 나라를 오가는 다섯 갈래의 길을 만들어 당, 왜, 거란, 신라와 활발히 교류했다.
- 건국 초기 발해는 신라와 대립했으나 후에는 신라도를 통해 신라와도 교류했다.

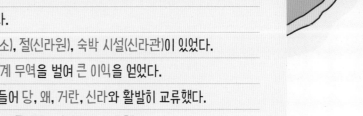

1 다음 장소와 그에 대한 설명을 알맞게 선으로 이으세요.

(1) 신라관 •

(2) 신라원 •

(3) 신라방 •

• ① 신라 사람들이 당에 세운 절. 장보고가 세운 법화원이 가장 유명했음.

• ② 당으로 건너간 신라 사람들이 모여 사는 마을.

• ③ 당이 신라에서 온 사신과 스님이 머물며 쉴 수 있도록 마련한 곳.

2 다음은 어느 나라의 대외 교류를 나타낸 지도입니까? (   )

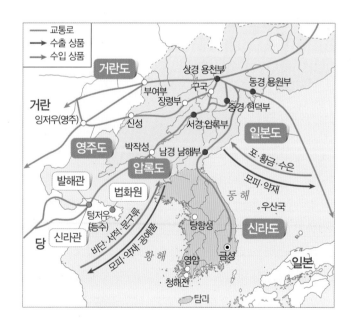

① 당
② 백제
③ 발해
④ 조선
⑤ 통일 신라

3 다음 ㈎~㈐ 중 질문에 알맞은 대답의 기호를 쓰세요. (   )

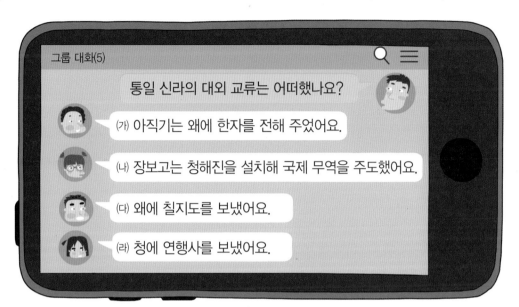

3주 1일
학습 끝!

붙임 딱지 붙여요.

카드 세계사

당, 안사의 난이 일어나다

신라와 발해가 활발하게 교류했던 시기인 755년, 당에 큰 반란 사건이 일어났어요. 당시 당의 황제였던 현종은 양귀비라는 아름다운 여인에게 빠져 나랏일을 뒷전으로 미루고 사치를 일삼았어요. 그러자 양귀비의 양아들인 절도사 안녹산이 권력을 잡으려고 부하인 사사명과 함께 반란을 일으켰어요. 이 반란은 8년이나 계속되었는데, 안녹산과 사사명의 첫 글자를 따서 '안사의 난'이라고 해요.

절도사 중국에서 당 중기와 송 초기에 지방을 다스리던 장수.

공부한 날짜: ☐월 ☐일

통일 신라에서 불교는 어떻게 널리 퍼졌나요?

★★

원효가 만든 「무애가」

원효는 백성이 쉽게 불경을 배울 수 있게 「무애가」라는 노래를 만들었어요. 「무애가」는 차별 없는 세상을 만들려는 부처님의 가르침을 담은 노래예요. 원효는 거리를 돌아다니며 표주박 모양의 그릇을 들고 춤을 추면서 이 노래를 불렀어요. 사람들이 이 노래를 함께 따라 부르면서 더 많은 백성이 불교를 믿게 되었어요.

원효 대사상(서울시 용산구)

원효, 백성들에게 불교를 퍼뜨리다

삼국을 통일한 신라는 백성의 마음을 하나로 모으기 위해 이전보다 더욱 불교를 중요하게 여겼어요. 그래서 통일 신라 때는 왕과 귀족뿐 아니라 백성에게도 불교가 널리 퍼졌답니다. 불교가 백성에게 널리 퍼진 데는 '원효'와 '의상'이라는 두 스님의 공이 컸어요.

원효와 의상은 불교를 공부하기 위해 불교가 크게 발달했던 당으로 유학을 가기로 했어요.

그런데 배를 타러 당항성으로 가는 길에 그만 해가 저물고 말았어요. 원효와 의상은 동굴에서 잠을 자게 되었지요. 잠을 자던 원효는 목이 몹시 말랐어요. 그때 물이 든 바가지가 손에 잡혔어요. 원효는 바가지에 담긴 물을 달게 마신 뒤, 다시 잠이 들었어요.

다음 날 아침, 눈을 뜬 원효는 머리맡을 보고 기겁을 했어요. 거기에는 죽은 사람의 해골이 놓여 있었어요. 원효가 지난밤에 마신 물은 해골에 담긴 썩은 물이었던 거예요. 원효는 구역질을 했어요.

그러다 원효는 깨달음을 얻었어요.

'지난밤, 나는 해골에 담긴 썩은 물을 시원하고 달게 마셨다. 그런데 이제 와 비위가 상하고 구역질이 나다니……. 아! 세상 모든 일은 사람이 마음먹기에 달려 있구나!'

모든 일이 자신의 마음에서 비롯된다는 것을 깨달은 원효는 당으로 가던 발길을 돌렸어요. 자신의 깨달음을 바탕으로 여러 불교 경전을 연구한 책을 썼지요. 하지만 글을 모르는 백성은 한자로 쓰인 책을 읽을 수 없었어요. 책의 내용도 심오해 이해하기 어려웠지요.

원효는 백성에게 불교를 널리 알릴 방법을 고민했어요. 그러다 우연히 광대가 춤을 추며 노래를 부르자, 구경하던 사람들이 노래를 따라 부르는 모습을 보았어요. 원효는 무릎을 탁 쳤어요.

그때부터 원효는 신라 곳곳을 돌아다니며, 불교의 가르침을 쉬운 노랫말로 불러서 백성에게 알렸어요. '나무아미타불'만 외우면 죽은 뒤에 '극락'이라는 좋은 세상에 갈 수 있다고도 했지요. 그러자 불교를 믿는 백성이 점점 늘어났답니다.

심오하다 사상이나 이론이 깊이가 있고 오묘하다.
나무아미타불 부처에게 의지한다는 뜻.
극락 부처가 살고 있는 세상으로, 아무 걱정 없이 편안하고 행복한 세상.

Q1
✦☆ 반짝퀴즈

원효 스님은 □□의 가르침을 쉬운 노랫말로 불러서 백성에게 널리 알렸다.

혜초의 『왕오천축국전』

『왕오천축국전』은 '인도의 다섯 나라를 갔다 와서 쓴 글'이라는 뜻이에요. '천축국'은 인도를 뜻하는 옛말이지요. 혜초 스님이 쓴 『왕오천축국전』은 1908년에 프랑스 학자가 중국 둔황 석굴에서 발견했어요. 이 책은 인도를 비롯해 여러 나라의 종교와 풍습, 문화가 자세히 기록되어 있는 귀중한 자료예요. 현재는 프랑스 국립 도서관에 소장되어 있지요.

『왕오천축국전』

설법 불교의 가르침을 풀어서 밝힘.

화엄 사상을 펼치고 인도를 순례하다

의상은 원효가 떠난 뒤에 혼자 당으로 향했어요. 당에서 10년 동안 열심히 공부한 뒤, 신라로 돌아왔지요. 그러자 신라의 왕과 신하들이 의상을 찾아와 부탁했어요.

"스님, 절을 지어 불교를 널리 알려 주십시오."

의상은 부석사라는 절을 짓고, '화엄 사상'을 펼쳤어요. 화엄 사상은 이 세상 모든 것이 연결되어 있다는 생각이에요.

"어떤 사물도 홀로 있는 것은 없고, 저절로 생기는 일 또한 없다. 서로에게 영향을 미치니, 이 세상 모두가 연결되어 있느니라."

의상은 겨울에는 따뜻한 낮에, 여름에는 서늘한 저녁에 설법을 했는데, 알리지 않아도 설법을 들으러 오는 사람이 많았어요. 신라의 문무왕도 의상을 무척 존경했어요. 그래서 의상에게 많은 땅과 노비를 주려고 했지만 의상은 이를 거절했어요.

불교 화엄종에서 진리를 상징하는 석조비로자나불좌상

"우리 불교에서는 모든 사람을 평등하게 보고, 귀하고 천한 신분도 없다고 여깁니다. 또한 불경에 재물을 탐내지 말라고 쓰여 있지요. 그러니 제가 어찌 땅을 받고 노비를 부릴 수 있겠습니까?"

의상은 불교의 가르침을 실천하며 널리 알리기 위해 힘썼어요. 많은 절을 짓고 제자를 길러 냈지요. 원효와 의상은 저마다 다른 방법으로 불교의 가르침을 전했어요. 하지만 둘 다 불교가 널리 퍼지는 데 큰 역할을 했답니다.

한편, 통일 신라의 '혜초' 스님은 『왕오천축국전』이라는 책을 썼어요. 혜초는 불교를 깊이 공부하기 위해 불교가 시작된 인도로 여행을 떠났어요. 당을 거쳐 인도와 중앙아시아의 여러 나라를 여행하고 돌아왔지요. 혜초는 여행하면서 보고 들은 여러 나라의 풍습, 지리, 역사 등을 기록으로 남겼는데, 그 책이 바로 『왕오천축국전』이에요. 『왕오천축국전』은 8세기 인도와 중앙아시아의 모습을 알려 주는 귀중한 자료이지요.

중앙아시아 아시아 대륙 중앙부의 광대한 지역. 파미르고원을 중심으로 동은 알타이산맥부터 카스피해까지 이르는 넓은 건조 지역임.

Q2

🐰 반짝퀴즈

□□ 스님은 이 세상 모든 것이 연결되어 있다는 생각인 '화엄 사상'을 펼쳤다.

□□

불교를 공부하기 위해서 당을 거쳐 인도와 중앙아시아를 돌아다녔어.

왕오천축국전

⭐ **통일 신라의 불교**

• 통일 신라 때는 당에서 불교를 배운 승려가 늘어나며 불교가 더욱 발달했다.
• 원효와 의상은 불교가 널리 퍼지는 데 큰 역할을 했다.
• 원효는 불교의 가르침을 노랫말로 쉽게 풀어서 백성에게 널리 알렸다.
• 의상은 화엄 사상을 펼치며 많은 절을 짓고 제자를 길러 냈다.
• 혜초는 인도와 중앙아시아를 여행하고 돌아와 『왕오천축국전』을 썼다.

1 다음 세 친구가 말하는 사람이 누구인지 쓰세요.

신라의 승려로, 불교의 가르침을 쉬운 노랫말로 불렀어.

'나무아미타불'만 외우면 죽은 뒤 '극락'에 간다고 했지.

불교가 널리 퍼지는 데 큰 역할을 했어.

(   )

2 다음 (가)에 공통으로 들어갈 인물은 누구입니까? (   )

석조비로자나불좌상

당에서 10년 동안 불교를 공부한 （가）은/는 신라로 돌아왔다. 그리고 부석사에서 설법을 하며 이 세상 모든 것이 연결되어 있다는 생각인 '화엄 사상'을 펼쳤다. 문무왕도 （가）을/를 존경해 많은 땅과 노비를 주려고 했으나 거절하며 받지 않았다. （가）은/는 많은 절을 짓고 불교의 가르침을 알리며 제자를 길러 냈다.

① 혜초   ② 의상   ③ 담징   ④ 최치원   ⑤ 이차돈

3 ㈎에 들어갈 책으로 알맞은 것은 무엇입니까? (   )

NABER

| 통합검색 ▼ | ㈎ |

동영상 전문자료 책 사전 지역 뉴스

- 지은이: 혜초
- 시대: 신라
- 소장처: 프랑스 국립 도서관
- 내용: 혜초가 인도와 중앙아시아 지역을 순례한 후 이 지역의 종교, 풍속, 문화 등을 기록하였음.

① 『삼국사기』
② 『삼국유사』
③ 『훈민정음』
④ 『동국여지승람』
⑤ 『왕오천축국전』

3주 2일
학습 끝!

붙임 딱지 붙여요.

카드 세계사

현장, 『대당서역기』를 쓰다

통일 신라의 혜초 스님이 인도를 여행하고 돌아와 『왕오천축국전』을 썼다고 했지요? 중국 당의 현장 스님도 인도와 서역의 여러 나라를 여행하고 돌아와 『대당서역기』라는 책을 남겼어요(646년). 이 책에는 현장이 16년 동안 여행한 138개 나라의 정치와 문화, 지리, 전설 등이 담겨 있어요. 삼장 법사와 손오공이 나오는 소설 『서유기』는 이 『대당서역기』의 영향을 받아 탄생한 작품이지요.

서유기 중국 명 시기 오승은이 쓴 소설.

공부한 날짜:　월　일

통일 신라와 발해 사람들은 어떻게 살았나요?

★ ★
신라의 민정 문서
신라는 마을의 정보를 기록해 문서로 만들었는데, 이를 '민정 문서'라고 해요.
민정 문서에는 마을의 이름과 크기, 인구, 농사짓는 땅의 넓이, 마을 사람들이 기르는 가축의 종류와 수 등이 적혀 있었어요. 신라에서는 민정 문서를 보고 각 마을의 정보를 파악해 백성에게 세금을 거두었지요.

신라 민정 문서(복원)

안압지 신라 문무왕 때 신라의 지도 모양으로 판 못. 경상북도 경주시 동북쪽에 있음.

통일 신라, 신분에 따라 생활하다

통일 신라 사람들의 생활 모습은 신분에 따라 크게 달랐어요. 귀족은 대부분 도읍인 서라벌에 살았어요. 많은 땅과 노비를 가졌고, 병사도 거느렸지요. 기록에 따르면, 높은 벼슬자리에 있는 귀족은 '집에 노비가 3천 명이고, 비슷한 수의 갑옷과 무기, 소, 말, 돼지가 있었다.'고 해요. 여기에 계절마다 지내는 별장도 따로 있었어요.

이처럼 많은 재산을 갖고 있었던 귀족은 풍족한 생활을 했어요. 평소에는 '금입택'이라고 불리는 커다란 기와집에 살았어요. 금입택은 '황금을 입힌 집'이라는 뜻이랍니다. 귀족들은 밥을 지을 때도 나무를 때지 않고 숯을 사용했어요. 숯은 값이 비쌌지만 태울 때 연기가 많이 나지 않았거든요.

왕과 귀족들은 궁궐에 만든 '월지(안압지)'에서 잔치를 벌였어요. 이때 주사위를 굴려 벌칙을 주는 놀이도 했어요.

안압지나 포석정 등은 당시 신라 귀족들의 화려한 생활을 보여 주고 있지요.

'월지'라고 불렸던 안압지(경상북도 경주시)

그러나 평민은 작은 초가집에서 지내며, 농사를 지어서 먹고 살았어요. 그 가운데 일부는 나라에 세금으로 냈고, 궁궐이나 성을 짓는 등의 공사가 벌어지면 불려 가서 일을 했지요.

그나마 농사지을 땅조차 없는 백성은 귀족의 집에서 품삯을 받고 일했어요. 일거리가 떨어지면 스스로 노비가 되는 경우도 있었지요.

한편, 신라 사람들은 '향가'라는 노래를 즐겨 불렀어요. 누이의 죽음을 슬퍼하는 노래, 역신을 물리치는 노래, 화랑을 사모하여 부른 노래 등 내용이 무척 다양해요. 진성 여왕은 스님과 화랑이 많이 지었던 향가를 모아 향가집 『삼대목』을 만들게 했어요.

신라에는 '향찰'과 '이두'라는 문자 표기 방법이 있었어요. 향찰과 이두는 우리글이 없던 시절 한자의 음과 뜻을 빌려서 우리말을 쓰는 방법이었어요. 향가를 적을 때 바로 이 '향찰'을 사용했답니다.

포석정 경상북도 경주시 배동에 있는 통일 신라 시대의 정원 시설물.
품삯 일을 한 대가로 받거나, 주는 돈이나 물건.
역신 천연두라는 전염병을 앓게 한다는 신.
사모하다 애틋하게 생각하고 그리워하다.
삼대목 888년 진성 여왕의 명령으로 위홍과 대구화상이 함께 펴낸 향가집.
표기 적어서 나타냄. 또는 그런 기록.

반짝퀴즈 Q1

통일 신라의 □□은/는 풍족하고 화려한 생활을 했지만 평민의 생활은 어려웠다.

쌀이 다 떨어졌어요.

89

온돌

온돌은 우리나라 고유의 난방 장치예요. 우리 조상들은 겨울철을 따뜻하게 보내기 위해 온돌을 만들어 썼어요. 아궁이에 불을 지피면 열기가 방 아래를 지나면서 방바닥 아래에 깐 돌을 따뜻하게 데우지요. 달구어진 돌은 잘 식지 않아 방바닥이 오랫동안 따뜻해요. 온돌을 처음 만든 것은 고구려 사람들인데, 발해의 옛 성 터에서도 고구려의 온돌과 같은 유적이 발견되었어요. 이 온돌 유적 역시 발해가 고구려를 이어받은 나라라는 것을 보여 주고 있어요.

발해 온돌 터(러시아 연해주)

발해 사람들, 고구려를 따라 생활하다

발해 역시 신분에 따라 사람들의 생활 모습이 달랐어요. 귀족은 기와집에 살면서 넓은 땅과 많은 재산을 갖고 있었어요. 당에서 들여온 값비싼 비단으로 옷을 지어 입으며 호화로운 생활을 했지요.

평민인 백성은 초가집에서 살았어요. 콩, 보리, 메밀, 수수 같은 잡곡 농사를 많이 지었지요. 발해가 자리 잡은 북쪽은 날씨가 추워서 벼농사는 일부 지역에서만 지을 수 있었거든요.

발해 사람들은 농사를 짓는 한편, 돼지와 말, 소, 양 등 다양한 가축을 많이 길렀어요. 산이 많은 곳이라 사냥도 자주 나갔지요. 사냥으로 얻은 짐승의 털가죽으로 겨울옷을 지어 입었답니다. 바다와 가까운 곳에 사는 사람들은 물고기를 잡고 갖가지 해산물을 얻었지요.

그리고 발해 사람들은 집집이 방을 따뜻하게 하는 난방 장치인 '온돌'을 사용했어요. 온돌 덕분에 겨울철 추위를 이겨 낼 수 있었지요.

발해 사람들은 고구려 사람들처럼 메주로 장을 담가 먹었어요. 장을 넣어 만든 음식은 구수하고 맛도 좋았지요.

"메주로 만든 장을 넣었을 뿐인데, 엄청 개운하고 맛있네."

발해의 메주는 '시'라고 불렸는데, 주변 나라에도 맛있다고 소문이 났어요. 발해 사람들은 주변 나라에 메주를 특산물로 수출했지요.

발해 사람들은 고구려처럼 활쏘기와 말타기를 즐겼어요. '격구'도 발해 사람들에게 큰 인기를 끌었지요. 격구는 말을 타고 달리면서 막대기로 공을 치는 놀이랍니다. 활동적인 놀이를 즐겼던 발해 사람들은 용맹하기로도 유명했어요. 주변 나라에 '발해 사람 셋이면 호랑이 한 마리를 당해 낸다.'라는 말이 퍼져 있을 정도였지요.

또 발해 사람들은 '답추'라는 춤을 즐겼어요. 답추는 강강술래와 비슷하게 여러 사람이 노래를 부르며 손을 잡고 빙글빙글 도는 춤이랍니다.

특산물 어떤 지역에서만 특별히 나는 물건.
강강술래 정월 대보름날이나 팔월 한가위에 여러 사람이 함께 손을 잡고 원을 그리며 빙빙 돌면서 춤을 추고 노래를 부르는 민속놀이.

Q2
반짝퀴즈
발해는 겨울을 따뜻하게 보내려고 집집이 난방 장치인 □□을/를 사용했다.

★ 통일 신라와 발해의 생활 모습

- 통일 신라와 발해 사람들의 생활 모습은 신분에 따라 달랐다.
- 귀족은 풍족한 생활을 했지만, 평민인 백성의 생활은 어려웠다.
- 신라 사람들은 향가를 즐겨 불렀고, 향찰과 이두라는 문자 표기 방법이 있었다.
- 발해 사람들은 잡곡 농사를 많이 지었고, 겨울을 따뜻하게 보내려고 온돌을 이용했다.
- 발해 사람들은 고구려 사람들처럼 장을 담그고, 격구와 집단 무용인 답추를 즐겼다.

91

1 다음 통일 신라 사람들의 신분에 따른 생활 모습을 선으로 이으세요.

(1)

귀족

① 작은 초가집에서 지내며 농사를 지어 세금을 냈다. 궁궐이나 성을 짓는 공사가 벌어지면 불려 가서 일을 해야 했다.

(2)

평민

② 많은 재산을 가지고 풍족한 생활을 했다. '금입택'이라고 불리는 커다란 기와집에 살며, 계절마다 지내는 별장도 따로 있었다.

2 다음 중 발해의 생활 모습을 알맞게 말한 친구를 <u>모두</u> 찾아 ○표 하세요.

(1) 발해 사람들은 활쏘기와 말타기를 즐겼어.

(   )

(2) 발해 사람들은 메주로 장을 담가 먹었어.

(   )

(3) 발해 사람들은 대부분 벼농사를 지었고, 가축을 기르지 않았어.

(   )

(4) 발해 사람들은 난방 장치인 온돌로 방을 따뜻하게 했어.

(   )

3 다음 ㈎~㈐ 중 사진 속 자료에 대한 설명으로 알맞지 <u>않은</u> 것의 기호를 쓰세요. (　　　　)

신라 민정 문서

3주 3일
학습 끝!

붙임 딱지 붙여요.

㈎ 마을의 크기, 인구, 논밭의 넓이가 기록되어 있다.

㈏ 마을의 정보를 파악해 세금을 거두기 위해 만들었다.

㈐ 마을 사람들이 재산을 똑같이 나누기 위해 만든 문서이다.

카드 세계사

영국, 통일 왕국이 세워지다

신라에서 향가집인 『삼대목』이 편찬될 무렵, 영국 브리튼섬에 있던 앵글로색슨족은 켈트족을 몰아내고 일곱 개의 작은 나라를 세웠어요. 이 칠 왕국은 서로 다투며 사이가 좋지 않았어요. 그러던 중 바이킹이 침략하자 칠 왕국은 웨식스 왕국을 중심으로 뭉쳐서 바이킹에 대항했어요. 웨식스 왕국은 칠 왕국과 함께 바이킹을 몰아낸 다음 칠 왕국을 연합하여 통일 왕국을 세웠지요(829년).

앵글로색슨족 독일 북서부에서 영국으로 건너온 게르만족의 한 파.
켈트족 프랑스 남부 지방에 살던 유목 민족.

통일 신라는 어떤 문화유산을 남겼나요?

공부한 날짜: ☐월 ☐일

김대성

가난한 집에서 태어나 홀어머니와 살던 김대성은 일찍 세상을 떠났어요. 그로부터 열 달 뒤, 재상의 집에서 아기가 태어났는데, 손에 '대성'이라고 쓰인 나뭇조각을 쥐고 있었어요.

이를 신기하게 여긴 재상은 대성이라는 아들을 잃은 어머니를 찾았어요. 재상은 과거의 어머니를 찾은 뒤 데려와 대성과 함께 살게 해 주었지요. 그래서 훗날 대성은 과거의 부모님을 위해 '석굴암'을 짓고, 현재의 부모님을 위해 '불국사'를 지었대요.

토함산 경상북도 경주시 불국동과 양북면 사이에 있는 산.

신라에 부처님의 나라를 세우다

불교가 발달했던 통일 신라는 불교와 관련한 문화유산을 많이 남겼어요. 그 가운데 대표적인 문화유산이 '불국사'와 '석굴암'이에요. 불국사와 석굴암은 서라벌(오늘날 경주)의 토함산에 지어진 절이에요.

불국사(경상북도 경주시)

불국사의 '불국'은 '부처님의 나라'라는 뜻이에요. 신라 사람들은 신라가 부처님의 나라처럼 걱정 없고 행복하게 살 수 있는 곳이 되기를 바랐어요. 그 마음을 담아 불국사를 지었지요.

33개의 계단을 올라서 불국사의 정문인 '자하문'을 열면 불국사의

불국사
삼층 석탑

앞마당이 펼쳐져요. 불국사 앞마당에는 '불국사 삼층 석탑'과 '다보탑'이 마주 보고 서 있어

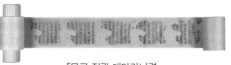

『무구 정광 대다라니경』

요. 불국사 삼층 석탑은 '석가탑'이라고도 하는데, 현재의 부처인 '석가여래'를 탑으로 표현한 거예요. 다보탑은 과거의 부처인 '다보불'을 표현한 탑이지요.

불국사 삼층 석탑은 신라 석탑의 대표적인 형태로, 균형이 잘 잡혀 있어요. 간결하면서도 장엄한 느낌을 주지요. 반면, 다보탑은 여느 석탑과 다른 독특한 모양인데 조각이 섬세하지요.

불국사 삼층 석탑 안에서는 세계에서 가장 오래된 목판 인쇄물인 『무구 정광 대다라니경』이 발견되었어요. 『무구 정광 대다라니경』은 '티끌 없이 깨끗하고 빛나는 다라니 경전'이라는 뜻이랍니다. 다라니경은 폭이 6.6센티미터로 좁지만, 길이가 6미터나 돼요. 그래서 둘둘 말린 두루마리 형태로 발견되었어요.

장엄하다 씩씩하고 웅장하며 위엄 있고 엄숙하다.
목판 나무에 글이나 그림 등을 새긴 인쇄용 판.

Q1
반짝퀴즈

경주 불국사 앞마당에는 불국사 삼층 석탑과 □□□이/가 마주 보고 서 있다.

다보탑

자하문

청운교와 백운교

95

신라인, 과학 기술과 솜씨를 뽐내다

석굴암은 3백여 개나 되는 커다란 돌을 동굴 모양으로 쌓아서 만든 절이에요.

석굴암

석굴암은 크게 전실과 주실, 그리고 전실과 주실을 연결하는 통로로 이루어져 있어요. 전실은 네모난 모양으로, 사람들이 사는 땅을 뜻해요. 주실은 둥그런 모양인데, 부처가 있는 하늘을 뜻한답니다. 신라 사람들은 천장을 돌로 둥글게 쌓으면서 사이사이에 돌기둥을 끼워 넣었어요. 그러면 천장이 무너지는 것을 막을 수 있었거든요.

안쪽에는 돌로 만든 커다란 불상이 있어요. 이 불상을 '본존불'이라고 해요. 불상을 둘러싼 석굴암 안쪽 벽면에는 불교의 여러 신이 조각되어 있어요. 석굴암의 본존불과 조각들은 딱딱한 돌로 만들었다고는 믿기지 않을 만큼 섬세하고 아름답지요.

불국사와 석굴암은 그 아름다움과 가치를 인정받아 유네스코 세계

문화유산으로 지정되었어요.

　신라 사람들은 종을 만드는 솜씨도 무척 뛰어났어요. 신라의 대표적인 종은 '성덕 대왕 신종'이에요. 성덕 대왕 신종은 경덕왕이 아버지인 성덕왕을 기리기 위해 만들기 시작해 혜공왕 때에 이르러 완성되었지요.

　성덕 대왕 신종은 우리나라에 남아 있는 종 가운데 가장 큰 종이에요. 높이가 약 3.6미터, 무게는 20톤 가까이 나가지요. 종을 매는 고리에는 용머리 모양이 조각되어 있고 종의 몸통에도 여러 조각이 있어요. 종의 가운데 부분에는 날개옷을 입은 선녀의 모습을 한 '비천상'이 새겨져 있지요.

　크고 아름다운 성덕 대왕 신종은 신비로운 종소리를 내는 것으로도 유명해요. 종을 치면 웅장한 종소리가 오래 울리며, 아주 멀리까지 은은하게 퍼진답니다. 그 종소리가 '에밀레' 하는 소리처럼 들린다고 해서 성덕 대왕 신종을 '에밀레종'이라고 부르기도 하지요.

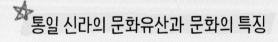

경덕왕 신라 제35대 왕. 불국사를 짓고 석굴암을 창건하는 등 신라 문화를 꽃피웠음.
성덕왕 신라 제33대 왕. 경덕왕의 아버지.

Q2

반짝퀴즈

성덕 대왕 신종은 □□□□(이)라고도 부른다.

☆ **통일 신라의 문화유산과 문화의 특징**

● 통일 신라는 불교가 발달해 불교와 관련한 문화유산을 많이 남겼다.
● 통일 신라 사람들은 불교의 이상 세계를 표현하는 불국사를 세웠다.
● 불국사 삼층 석탑에서는 세계에서 가장 오래된 목판 인쇄물 『무구 정광 대다라니경』이 발견되었다.
● 석굴암은 돌을 동굴 모양으로 쌓아서 만든 절로, 신라의 뛰어난 과학 기술을 보여 준다.
● 성덕 대왕 신종에 새겨진 화려한 무늬와 조각 기법은 통일 신라를 대표한다.

1 다음 문화유산에 알맞은 이름을 보기 에서 찾아 쓰세요.

(1) 신라 사람들이 신라가 '부처님의 나라'가 되기를 바라며 지은 절이다. 절 앞마당에는 석가탑과 다보탑이 있다.

(2) 3백여 개나 되는 돌을 동굴 모양으로 쌓아 만든 절이다. 천장을 돌로 둥글게 쌓고 안쪽에는 커다란 불상을 배치했다.

보기 석굴암   부석사   불국사   동모산   감은사

(1): (   )   (2): (   )

2 다음 세 친구가 설명하는 문화유산은 무엇인지 쓰세요.

 우리나라에 남아 있는 종 가운데 가장 큰 종이에요.

 경덕왕이 아버지인 성덕왕을 기리기 위해 만들었어요.

 종의 몸통에 날개옷을 입은 선녀가 새겨져 있고, '에밀레종'이라고도 불러요.

(   )

3 다음 밑줄 친 '이 문화유산'은 무엇입니까? (   )

불국사 삼층 석탑을 보수하는 과정에서 발견된 이 문화유산은 우리나라의 뛰어난 목판 인쇄술을 보여 주었어요.

3주 4일 학습 끝!

붙임 딱지 붙여요.

① 『삼대목』

② 『훈민정음』

③ 팔만대장경

④ 『직지심체요절』

⑤ 『무구 정광 대다라니경』

카드 세계사

중국, 둔황에서 석굴 사원을 만들다

둔황 석굴의 상징인 제96호 석굴

석굴암처럼 돌을 쌓아서 만든 석굴은 무척 드물어요. 세계 여러 나라의 석굴 사원은 대부분 자연적으로 생긴 굴을 이용하거나 굴을 파서 만들었지요. 그 가운데 유명한 석굴이 중국의 '둔황 석굴'이에요. 둔황 석굴은 둔황 지역에서 조금 떨어진 곳에 있는데, 천 년에 걸쳐서 판 크고 작은 석굴의 수가 천 개나 돼요. 그중 한 석굴 사원에서 혜초의 『왕오천축국전』이 발견되기도 했지요.

사원 절과 같은 말.

발해는 어떤 문화유산을 남겼나요?

고구려와 닮은 발해의 문화

고구려의 기와와 발해의 기와에는 똑같은 연꽃무늬가 있어요. 발해의 기와는 만드는 방법이나 구조, 무늬에서 고구려와 연관이 깊어요. 두 기와 모두 연꽃의 꽃씨와 둥근 선으로 장식된 점, 특히 독특한 6장의 하트 모양 꽃잎으로 표현되었다는 점이 비슷하지요. 이런 유물을 통해 발해의 문화가 고구려 문화의 영향을 많이 받았다는 것을 알 수 있어요.

고구려 기와

발해 기와

여러 문화를 받아들여 독자적인 문화를 펼치다

발해는 고구려의 유민인 대조영이 세운 나라예요. 발해의 왕들은 발해가 고구려를 잇는 나라임을 분명히 밝혔지요. 그래서 발해의 문화는 고구려 문화와 닮은 점이 많아요.

그렇다고 발해 문화와 고구려 문화가 똑같은 것은 아니에요. 발해는 중국 당과 활발히 교류했어요. 발해의 백성 가운데는 말갈 사람도 많았지요. 발해는 고구려 문화를 바탕으로, 당과 말갈 문화를 받아들여 발해만의 독특한 문화를 이루었답니다.

이를 잘 보여 주는 문화유산이 '정효 공주 묘'예요. 문왕의 넷째 딸이었던 정효 공주는 일찍 남편과 어린 딸을 잃고 마음의 병을 얻어 서른여섯의 젊은 나이로 세상을 떠났어요. 문왕은 몹시 슬퍼하며 정효 공주의 장례를 성대하게 치르고 무덤을 만들었지요.

기다란 돌을 계단처럼 쌓은 천장(고구려식)

벽돌을 쌓아 만든 무덤(당식)

정효 공주의 무덤은 계단을 내려간 곳에 벽돌을 쌓아 만들었어요. 벽돌을 쌓아 무덤을 만든 것은 당의 무덤 양식에서 영향을 받은 거예요. 무덤의 천장은 기다란 돌을 쌓다가 점차 짧은 돌로 줄여서 둥그렇게 만들었는데, 이는 고구려 양식을 따른 것이지요.

정효 공주 묘 벽화(중국 지린성 허룽시)

양식 일정한 모양이나 형식으로, 예술 작품이나 건축물이 독특하게 지니는 특징.
묘비 무덤 앞에 세우는 비석.
애도하다 사람의 죽음을 슬퍼하다.

그리고 무덤 위에는 탑을 쌓았던 흔적이 남아 있는데, 이는 다른 나라에서 볼 수 없는 발해만의 고유한 특징이랍니다.

무덤 안에는 '정효 공주 묘비'도 서 있어요. 묘비에는 정효 공주가 아름답고 슬기로웠다는 내용, 남편과 어린 딸을 잃었다는 내용, 정효 공주의 죽음을 애도하는 내용 등이 담겨 있지요.

무덤 벽에는 12명의 사람이 그려져 있어요. 공주를 지키는 무사, 시중을 드는 사람, 악기를 들고 있는 악사 등이지요. 공주를 곁에서 모셨던 사람들의 모습을 그린 것으로 짐작하고 있어요. 정효 공주 묘의 벽화는 발해 사람들의 모습을 처음으로 보여 주었어요.

☆☆✦ Q1

🐰 반짝퀴즈

발해는 □□□ 문화를 이어받고 당과 말갈 문화를 받아들여 독자적인 문화를 이루었다.

□ □ □

정효 공주 묘비

무덤으로 내려가는 계단

관을 모셔 두는 곳

발해 영광탑

중국 지린성 창바이시에 있는 5층 벽돌 탑이에요.
청의 관리가 이 탑을 보고 공자 사당의 영광전처럼 오랜 세월에도 의연히 남아 있다는 뜻으로 '영광탑'이라고 이름 붙였대요. 탑 아래 무덤 칸이 있어 무덤 탑 또는 사리탑으로 짐작되고 있어요.

영광탑(중국 지린성 창바이시)

힘찬 기상과 불교문화를 꽃피우다

발해는 나라가 세워졌을 때부터 고구려 문화를 이어 왔어요. 그래서 돌사자상을 많이 만들었던 고구려 문화의 영향을 받아서 발해도 돌사자상을 만들었지요. 돌사자상은 문왕의 둘째 딸인 정혜 공주의 무덤에서 발견되었어요. 발해 돌사자상은 입을 크게 벌린 모습으로, 날카로운 송곳니와 혀를 드러내고 있어요. 가슴과 다리의 다부진 근육까지 잘 표현되어 있지요.

또, 통일 신라처럼 발해도 불교문화가 발달했어요. 그래서 많은 절을 짓고 불상과 탑을 만들었지요. 발해는 많은 불상을 남겼는데, 그 가운데 이불병좌상은 두 부처가 나란히 앉은 독특한 모습이에요. 이불병좌상을 '두 부처상'이라고도 부르지요.

이불병좌상은 발해 5경 가운데 하나인 동경이 있었던 곳에서 발견되었어요. 높이는 29센티미터로 크지 않은 편이에요.

발해 돌사자상(복원)

이불병좌상(일본 도쿄)

발해 석등(중국 헤이룽장성 닝안시)

그러나 미소를 띠고 있는 부처의 얼굴, 성스러움을 나타내는 광배, 연꽃 속에서 다시 태어나는 듯한 작은 부처의 모습 등이 섬세하게 조각되어 있어요.

발해의 도읍이었던 상경성의 절터에서는 돌로 만든 등인 '발해 석등'이 발견되었어요. 발해 석등은 우리나라에 남아 있는 석등 가운데 가장 크고 오래되었어요. 높이가 6미터나 될 정도로 거대하지요. 석등의 위와 아래에는 고구려 문화유산에서 자주 보이는 연꽃무늬가 조각되어 있어요. 고구려 문화를 이어받았기 때문에 발해 석등에서도 웅장함과 힘찬 기운이 느껴지지요.

상경성이 있었던 지역에서는 '용머리상'도 발견되었어요. '용머리상'은 발해의 궁전을 장식했던 조각상이에요. 뒷부분의 긴 돌을 벽에 끼워 넣고, 용머리만 밖으로 드러나게 했지요. 부리부리한 눈과 크고 날카로운 이빨이 생생하게 조각되어 있어요.

정혜 공주 남북국 시대 발해의 제3대 문왕 대흠무의 둘째 딸인 공주.
광배 부처의 몸에서 나오는 성스러운 빛을 표현한 장식.

Q2

반짝퀴즈

이불병좌상과 발해 석등은 발해에서 □□문화가 발달했음을 보여 준다.

☐ ☐

용머리상(복원)

발해 문화전

발해의 문화유산과 문화의 특징

• 고구려를 이어받은 발해의 문화는 고구려 문화와 닮은 점이 많다.
• 발해는 고구려 문화를 바탕으로 당과 말갈 문화를 받아들여 독자적인 문화를 발전시켰다.
• 정효 공주 묘는 고구려와 당의 양식이 혼합된 발해의 문화를 보여 준다.
• 절터, 불상, 석등, 탑 등의 문화유산을 통해 발해에서 불교문화가 발달했음을 알 수 있다.
• 발해 석등과 용머리상 등에서 웅장한 발해의 기상을 엿볼 수 있다.

1 다음은 정효 공주의 무덤에 대한 설명입니다. ㈎에 알맞은 낱말은 무엇입니까? (   )

발해 정효 공주의 무덤에는 ㈎ 와/과 당의 문화가 만나 발해의 독자적인 문화로 자리 잡는 모습이 잘 나타나 있다.

① 신라   ② 거란   ③ 백제   ④ 서역   ⑤ 고구려

2 다음 문화유산을 보고 알 수 있는 사실에 ○표 하세요.

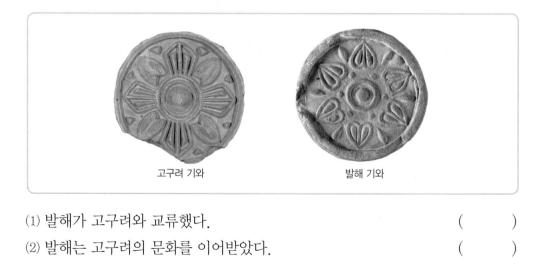

고구려 기와   발해 기와

(1) 발해가 고구려와 교류했다.   (   )

(2) 발해는 고구려의 문화를 이어받았다.   (   )

(3) 발해는 고구려와 다른 독자적인 문화를 발전시켰다.   (   )

3 다음 발해의 문화유산과 관련 있는 종교를 쓰세요.

발해 석등

- 고구려 계승을 내세운 발해의 수도인 상경성 터의 흥륭사에 남아 있음.
- 높이 6미터가 넘는 거대 석등으로, 석등의 높이를 통해 웅장한 발해 문화의 특징을 짐작할 수 있음.

(   )

3주 5일
학습 끝!

붙임 딱지 붙여요.

카드 세계사

프랑크 왕국이 셋으로 나뉘다

서프랑크   중프랑크   동프랑크

베르됭

발해의 문화가 번성할 무렵, 유럽에 자리 잡고 있던 프랑크 왕국의 왕 루이 1세가 세상을 떠났어요. 그러자 그의 세 아들이 권력을 차지하기 위해 전쟁을 벌였어요. 이에 귀족과 성직자들이 나서서 전쟁을 그만두라고 말렸지요. 결국 세 아들은 '베르됭 조약'을 맺어 프랑크 왕국을 셋으로 나누었어요(843년). 하나였던 프랑크 왕국은 중프랑크 왕국, 동프랑크 왕국, 서프랑크 왕국으로 나뉘었어요.

조약 국가와 국가가 합의한 약속.

PART 4

통일 신라의 멸망과 후삼국 통일

삼국을 통일한 신라는 잠시 번영을 누렸지만 곧 귀족들의 왕위 다툼으로
나라가 혼란스러워졌어요. 백성도 힘든 삶을 견디지 못해 들고일어났지요.
이런 상황 속에 지방에서는 새로운 세력인 호족이 등장해 후백제와
후고구려를 세우고 후삼국 시대를 열었어요. 다시 시작된 삼국 시대는
어떤 결말을 맞을지 함께 지켜봐요.

신라 말의 사회는 왜 혼란스러웠나요?

왕위 다툼으로 신라가 혼란해지다

통일을 이룬 신라는 한동안 평화로운 시절을 보내며 아름다운 문화를 꽃피웠어요. 하지만 세월이 흐르면서 나라가 점점 어지러워졌어요. 높은 벼슬을 차지하고 있는 진골 귀족들이 나라와 백성을 돌보지 않았거든요.

'우리 집안사람을 왕으로 세워야 내가 권력을 휘두를 수 있어.'

'이제 신라에서 가장 높은 신분은 진골이야. 지금 왕도 진골인데, 같은 진골인 내가 왕이 되지 못할 게 무엇인가?'

진골 귀족들은 서라벌에 모여 살면서 왕위를 노리고 권력을 차지하기 위해 끊임없이 다툼을 벌였어요. 진골 귀족들의 생활은 왕과 다르지 않았어요. 천 명이 넘는 노비를 거느리고 넓은 녹읍에서 백성에게 거둔 세금으로 몹시 사치를 부렸지요. 크고 호화로운 기와집을 짓고, 값비싼 금 장신구로 온몸을 치장했어요.

108

왕과 귀족들이 나라를 돌보지 않고 사치를 일삼으니, 지방의 관리들은 제 배를 채우기 바빴어요.

'백성에게 세금을 잔뜩 거두어서 뒤로 빼돌려야겠다. 어차피 왕과 귀족들은 지방에 관심조차 없으니까.'

자연히 백성은 세금을 내느라 허리가 휘었어요. 게다가 신라에는 가뭄과 홍수 같은 자연재해가 이어졌어요. 그다음에는 흉년이 들고 전염병까지 돌았지요. 백성의 형편은 더욱 어려워졌답니다. 세금을 내지 못해서 농사짓던 땅을 빼앗긴 백성은 정든 고향을 떠나 이리저리 떠도는 신세가 되었어요. 백성 가운데에는 먹고살기 위해 도적이 되는 사람들도 있었지요.

이처럼 백성들이 고통을 겪고 있을 때, 진성 여왕과 귀족들이 명령을 내렸어요.

"나라의 창고가 비었다. 지방마다 백성에게 세금을 더 거두어 바치도록 해라!"

신라 말 혼란에 희생된 스님들의 영혼을 달래려고 세운 해인사 길상탑

녹읍 신라 시대에 관리에게 나랏일을 한 대가로 지급한 논밭.
자연재해 태풍, 가뭄, 홍수, 지진, 화산 폭발, 해일 등 피할 수 없는 자연 현상으로 받게 되는 피해.

반짝퀴즈 Q1

신라 말 백성은 □□을/를 내지 못해 땅을 빼앗기고 떠도는 신세가 되거나 도적이 되기도 했다.

세금 못 내면 땅 내놔!

그럼 우린 어떻게 삽니까?

호족과 손잡은 6두품

6두품은 아무리 능력이 뛰어나도 골품제 때문에 높은 벼슬에 오를 수 없었어요. 그래서 6두품은 지방 세력인 호족과 손을 잡고 새로운 세상을 만들려고 했어요. 호족의 신하가 되어 지혜를 빌려주는 역할을 했지요.

신라 말 6두품 출신의 당 유학생으로 '3최'라고 불리던 최치원, 최승우, 최언위도 각자 다른 길을 걸었어요. 최치원은 끝까지 신라를 섬겼어요. 반면 최승우는 견훤을 도와서 왕건에게 보내는 글을 지었고, 최언위는 직접 왕건을 도왔어요.

사벌주 신라의 9주 가운데 하나로, 지금의 경상북도 상주 지역.

봉기하다 벌떼처럼 떼를 지어 세차게 일어나다.

난 난리를 줄인 말로, 전쟁이나 분쟁으로 세상이 어지러워진 상태.

영향력 어떤 사물의 효과나 작용이 다른 것에 미치는 힘. 또는 그 크기나 정도.

백성이 일어나고 호족이 등장하다

무거운 세금에 시달리던 백성은 분노했어요.

"양식이 없어 굶주리는데, 무슨 수로 세금을 더 내란 말이오!"

"못 살겠다! 악착같이 세금을 거두는 관리들을 몰아내자!"

결국 참다못한 백성이 곳곳에서 들고일어났어요. 889년, 사벌주에서는 원종과 애노가 농민들을 이끌고 봉기했지요. 그러자 진성 여왕이 원종과 애노의 난을 진압하라며 군대를 보냈어요. 하지만 농민군의 기세가 어찌나 거셌는지 공격조차 할 수 없었어요.

앞에서 최치원이 어지러워지는 신라를 바로잡자며 진성 여왕에게 '시무 10여 조'를 제안했던 것을 기억하지요? 그것이 바로 이 무렵이었어요. 하지만 진골 귀족들의 반대로 제안은 받아들여지지 않았고, 신라는 더욱 혼란스러워졌지요.

이때 신라의 지방 곳곳에서는 세력을 키운 사람들이 나타났어요. 이들을 '호족'이라고 해요. 호족 가운데는 대대로 그 지역에서 살면서 영향력을 떨치던 사람이 많았어요.

권력 다툼에 밀려 서라벌에서 지방으로 내려간 귀족도 있었지요.

110

무역으로 성공해서 큰돈을 벌고 군사력을 가지게 된 상인, 지방을 지키던 군인 출신도 있었답니다.

호족은 자신을 '성주' 또는 '장군'이라고 불렀어요. 마치 왕이 나라를 다스리듯 자신이 속한 지방을 다스렸지요. 지방을 다스릴 관리를 두고, 병사를 거느리며, 백성에게 세금을 거두어들였어요. 중앙의 힘이 약해진 사이 지방을 다스리는 권리를 모두 틀어쥔 거예요.

이렇게 지방 곳곳을 다스린 호족들은 더 넓은 지역을 차지하기 위해 서로 싸움을 벌였어요. 골품제 때문에 높은 벼슬에 오르지 못하는 6두품 세력과 손을 잡기도 했지요. 이렇게 신라는 뿔뿔이 갈라져 갔답니다.

궁예
반란을 통해 성장한 세력

송악(개성)
철원
명주(강릉)
동해

왕건
해상 무역을 통해 성장한 세력

황해

김순식
지방으로 내려간 진골 귀족

사벌(상주)

견훤
지방 군사를 바탕으로 성장한 군진 세력

완주(전주)

아자개
지역민을 규합하여 스스로 성장한 세력

탐라

신라 말 호족의 성장

성주 삼국과 통일 신라 시대에 성(城)을 지키던 으뜸 장수를 이름.

Q2

반짝퀴즈

지방 세력인 □□은/는 자신을 '성주' 또는 '장군'이라고 불렀다.

□ □

날 성주라고 불러라!

⭐ 신라 말의 사회와 호족의 등장

- 신라 말에는 진골 귀족들이 왕위 다툼을 벌여 왕권이 약해지고 사회가 혼란해졌다.
- 지방 관리들의 수탈과 자연재해, 전염병으로 백성은 떠도는 신세가 되거나 도적이 되었다.
- 진성 여왕 때 세금을 독촉하자, 원종과 애노의 난을 시작으로 전국에서 농민들이 봉기했다.
- 중앙 정치가 약해지면서 지방 세력인 호족이 등장했다.
- 호족은 자신을 스스로 성주 또는 장군이라고 부르며 지방 곳곳을 다스렸다.

1 다음 중 신라 말의 상황에 대해 알맞게 말한 친구에 <u>모두</u> ○표 하세요.

(1) 서라벌의
진골 귀족들이 왕위
다툼을 벌여 신라가
혼란스러웠어.

(   )

(2) 지방 관리들은
백성을 위해 세금을
적게 거두려고
노력했어.

(   )

(3) 신라에 가뭄과
홍수가 생기고 흉년이
들어 백성의 형편이
어려웠어.

(   )

2 다음 장면에서 ㈎에 들어갈 알맞은 사건은 무엇입니까? (   )

① 김흠돌의 난

② 김헌창의 난

③ 홍경래의 난

④ 원종과 애노의 난

⑤ 망이와 망소이의 난

3 다음 퀴즈에서 설명하는 사람들은 누구입니까? (   )

단계별로 제시된 도움말로
알 수 있는 용어는 무엇일까요?

1단계	2단계	3단계
신라 말 지방에서 나타남.	스스로 성주 또는 장군이라고 불렀음.	독자적으로 군대를 보유하고 백성에게 세금을 거두었음.

① 양반   ② 호족   ③ 진골   ④ 중인   ⑤ 신진 사대부

4주 1일
학습 끝!

붙임 딱지 붙여요.

카드 세계사

당, 황소의 난이 일어나다

신라에서 농민들이 들고일어날 무렵, 당에서는 '황소의 난'이 일어났어요(875년). 당시 당에서는 신라와 비슷하게 관리와 환관들이 권력 다툼을 벌였고, 흉년까지 들어 굶주린 농민들이 여기저기서 들고일어났지요. 이때 소금 밀매업자의 우두머리인 황소도 반란을 일으켰어요. 황소는 다른 반란 세력과 힘을 합치고, 정부에 불만을 품은 농민의 지지를 받아 세력을 크게 키웠어요.

환관 황제의 시중을 드는 사람.
소금 밀매업자 소금을 몰래 파는 사람.

공부한 날짜: ☐월 ☐일

후백제와 후고구려는 어떻게 세워졌나요?

견훤, 후백제를 세우다

신라의 호족 가운데 유난히 힘을 떨친 두 사람이 있었어요. '견훤'과 '궁예'예요. 이들은 저마다 병사들을 이끌고 주변 지역을 차지하며 세력을 키웠어요. 그러더니 새로운 나라를 세웠답니다.

견훤은 아자개라는 부유한 농민의 아들로 태어났어요. 어릴 때부터 몸집이 크고 힘도 장사여서 열다섯 살에 군인이 되었어요.

견훤은 전투가 벌어지면 늘 앞장서 나아갔어요. 잠을 잘 때도 베개 대신 창을 베고 잤지요. 무척 용감한 군인이었던 거예요. 견훤은 신라의 서남쪽 바닷가를 지키는 일을 맡았는데, 왜구를 물리치는 데 큰 공을 세웠어요. 그래서 군사들을 이끄는 자리에 올랐지요.

그러던 때에 신라 곳곳에서 백성이 들고일어나는 모습을 보게 되었어요. 아버지 아자개가 상주 지방에서 세력을 일으켜 장군이 되었다는 소식도 들려왔지요.

왜구는 절대 용서할 수 없다!

공격하라!

으악

'신라는 바로잡을 수 없을 만큼 기울었다. 백성이 등을 돌린 나라를 지켜서 무엇 하겠는가? 아버지가 장군이 되셨다니, 나는 아예 새로운 나라를 세워 왕이 되리라.'

견훤이 쌓았다고 알려진 견훤산성(경상북도 상주시)

완산주 지금의 전주시. 신라의 행정 구역인 9주 5소경의 한 주(州).

욕심이 생긴 견훤은 군사들에게 나라를 세우겠다는 뜻을 밝혔어요. 그러자 많은 군사가 견훤을 따라나섰어요.

"나는 백제를 되살려 신라를 무너뜨리려고 합니다. 나와 뜻을 합쳐 백제를 다시 일으킵시다!"

신라의 왕과 귀족에게 불만을 갖고 있던 백성은 견훤을 반겼어요. 견훤을 따르는 백성이 점점 늘었지요.

마침내 900년, 견훤은 완산주를 도읍으로 정하고 '후백제'라는 나라를 세웠어요. 후백제는 지금의 전라도와 충청도 일대를 손에 쥐었어요.

반짝퀴즈   Q1

신라의 군인 출신이었던 견훤은 완산주를 도읍으로 삼아 □□□을/를 세웠다.

□ □ □

백제를 다시 세웁시다!

후백제

와!   와!

와아아!

궁예가 죽을 뻔한 까닭

궁예는 음력 5월 5일 단옷날에 태어났는데. 그날 궁예가 태어난 집 위로 신비로운 빛이 드리웠어요. 또, 궁예는 태어날 때부터 이가 돋아 있었다고 해요.

단옷날은 활발한 기운이 강한 날인데 하늘에 신비로운 빛까지 어리자, 귀족들은 궁예가 왕이 될지도 모른다고 생각했어요. 그래서 왕에게 궁예가 신라를 위태롭게 할 아이라고 거짓말을 하여 궁예를 죽이자고 했지요. 왕은 귀족들의 말만 믿고 궁예를 죽이는 것을 허락했답니다.

후궁 왕의 여러 부인 가운데 왕비가 아닌 부인.
유모 어머니 대신 아기에게 젖을 먹이고, 아기를 길러 주는 여자.

궁예, 후고구려를 세우다

궁예는 신라의 왕과 후궁 사이에 태어난 왕자였다고 해요. 그런데 궁예가 왕위를 차지하게 될 것을 두려워한 귀족들이 궁예를 죽이려고 했어요. 군사들이 들이닥쳐 아기였던 궁예를 높은 다락에서 던져 버렸지요. 때마침 다락 밑에 숨어 있던 유모가 아기를 받았어요. 이때 유모의 손가락에 눈이 찔린 궁예는 한쪽 눈을 잃고 말았어요.

유모는 궁예를 품에 안고 멀리 도망쳐 궁예를 길렀지요. 십여 년 뒤 유모는 궁예에게 이 모든 사실을 털어놓았어요.

'아버지 없는 애꾸눈이라고 놀림당하며 살아온 내가 신라의 왕자였다니! 나를 죽이려 한 귀족과 허락한 아버지가 원망스럽구나.'

궁예는 큰 충격에 휩싸였어요. 자신의 신분을 숨기기 위해 세달사라는 절에 들어가 스님이 되었지요.

궁예는 신라의 왕과 귀족들에 대한 원망을 떨치지 못했어요. 결국 절을 나와 왕과 귀족에게 맞서는 무리를 찾아갔어요. 기훤의 부하가 되었다가 강원도 북쪽 지역을 다스리는 양길에게로 옮겨 갔지요.

궁예는 양길의 병사들을 거느리고 주변 지역을 차지해 나갔어요. 그러는 동안 병사들을 잘 돌봐 주었지요. 시간이 흐를수록 병사들은 양길보다 궁예를 더 따르게 되었어요. 궁예는 새로운 나라를 세워 왕이 되려고 했어요.

"감히 나를 배신하고 왕이 되려고 해? 가만둘 수 없다!"

양길은 궁예를 공격했지만 승리는 궁예의 차지였지요. 901년, 양길을 무너뜨린 궁예는 송악을 도읍으로 후고구려를 세웠어요.

이렇게 신라는 다시 세 나라로 나뉘었어요. 후백제, 후고구려, 신라가 삼국 시대의 세 나라처럼 힘겨루기를 하는 시절이 시작된 거예요. 그래서 이 시기를 '후삼국 시대'라고 해요.

후삼국의 성립

기훤 통일 신라의 조정에 반기를 들어 죽주(지금의 안성시 죽산)에서 반란을 일으킨 호족.
양길 신라 말의 지방 세력이자 반란자. 원종과 애노의 난 이후 북원(지금의 강원도 원주)에서 반란을 일으킨 세력.
송악 오늘날 북한 개성 지역의 옛 이름.

Q2
반짝퀴즈
901년, 신라의 왕족 출신인 궁예가 송악에 □□□□을/를 세웠다.

고구려를 잇는 나라를 세우겠소!

후고구려

⭐ 후삼국의 성립
- 신라의 군인이었던 견훤이 완산주를 도읍으로 후백제를 세웠다(900년).
- 후백제는 전라도와 충청도, 경상도 일부 지역을 장악했다.
- 신라 왕족 출신이었던 궁예가 송악을 도읍으로 후고구려를 세웠다(901년).
- 신라 땅에 견훤과 궁예가 각각 후백제와 후고구려를 세우면서 후삼국 시대가 시작되었다.

1 다음 세 친구가 말하는 인물은 누구입니까? (   )

아자개의 아들로, 어릴 때부터 몸집이 크고 힘이 셌어.

나라가 어지러워지자 왕이 되고 싶은 욕심이 생겼다고 해.

완산주를 도읍으로 전라도와 충청도 일대에 후백제를 세웠군.

① 왕건   ② 견훤   ③ 궁예   ④ 신검   ⑤ 금강

2 다음 지도를 보고 둘 중 알맞은 낱말을 골라 ○표 하세요.

　신라 말의 혼란으로 후백제와 후고구려가 세워지면서 하나의 나라였던 신라가 다시 나뉘었다.

　후백제, 후고구려, 신라가 힘겨루기를 하는 이 시기를 (**남북국** / **후삼국**) 시대라고 부른다.

3 다음 장면에서 밑줄 친 '나'에 해당하는 인물의 이름을 쓰세요.

나는 신라의 왕족이었지만 귀족들이 나를 죽이려고 했어. 하지만 유모의 도움으로 간신히 목숨을 건졌지. 그리고 901년, 송악을 도읍으로 후고구려를 세웠어.

4주 2일
학습 끝!

붙임 딱지 붙여요.

(   )

카드 세계사

중국, 당이 멸망하다

내가 당나라를 무너뜨린 주전충이니라!

신라에 후백제와 후고구려가 들어설 무렵, 중국에서는 당이 멸망했어요(907년). 당은 3백 년 가까이 이어져 온 나라였어요. 당의 제도와 문화는 우리나라를 비롯해 아시아의 여러 나라에 영향을 주었지요. 그러나 지배층의 권력 다툼과 반란으로 나라가 흔들렸어요. 황소의 난을 진압하며 권력을 잡은 절도사 주전충은 당을 무너뜨리고 양을 세웠어요.

절도사 중국에서 당 중기와 송 초기에 지방을 다스리던 벼슬.

후고구려는 어떻게 고려가 되었나요?

마진과 태봉
901년에 후고구려를 세운 궁예는 904년에 나라 이름을 '마진'으로 바꾸고 도읍을 송악에서 철원으로 옮겼어요.
911년에는 다시 나라 이름을 '태봉'으로 바꾸었지요.
마진과 태봉은 모두 불교와 관련 있는 이름이었어요.
스스로 미륵불이라고 생각했던 궁예는 후고구려를 불교적인 국가로 만들려고 했지요.

미륵불 미래에 사람들을 구하기 위해 온다는 부처.
관심법 상대편의 몸가짐이나 얼굴 표정, 얼굴 근육의 움직임 등으로 속마음을 알아내는 기술.

궁예, 폭군이 되다

후고구려를 세운 궁예는 처음에 나라를 잘 다스렸어요. 견훤이 다스리는 후백제와 싸우며 후고구려를 큰 나라로 만들기 위해 애썼지요. 나라 이름을 '마진'으로 바꾸었다가 '태봉'으로 바꾸기도 했어요.

그런데 시간이 흐르면서 궁예는 점점 이상하게 변했어요.

"나는 세상을 구하기 위해 온 미륵불이다! 내게는 사람들의 속마음을 알 수 있는 관심법이라는 능력이 있노라!"

궁예는 강력한 왕권을 갖기를 원했어요. 그래서 조금이라도 자신의 뜻을 거스르는 신하가 있으면 관심법을 핑계로 죽여 버렸어요. 심지어 부인과 두 아들의 목숨까지 빼앗았지요.

한번은 이런 일도 있었어요.

"시중 왕건을 들라 하라!"

시중은 후고구려에서 가장 높은 벼슬이었어요.

왕건이 궁궐로 들어오자, 궁예는 매섭게 노려보며 말했어요.

"지난밤, 나를 배신하고 반란을 일으킬 계획을 세웠지?"

왕건은 놀라며 그런 일이 없다고 했어요.

"내가 관심법으로 네 속마음을 훤히 알 수 있거늘! 당장 사실대로 말하지 못할까?"

그때 최응이라는 현명한 신하가 붓을 떨어뜨리고는 줍는 체하며 왕건에게 속삭였어요.

"그렇다고 하십시오. 안 그러면 목숨이 위태롭습니다."

왕건은 최응의 말뜻을 알아차렸어요. 죽을죄를 지었다며 거짓 고백을 했지요. 그제야 궁예는 껄껄 웃으며 왕건의 죄를 용서해 주겠다고 했어요. 그 모습을 본 신하들은 두려움에 떨었어요.

'왕건 같은 신하마저 의심하며 죽이려고 하다니, 나도 언제 죽을지 알 수 없구나!'

태봉국의 성터가 있는 철원 평야(강원도 철원군)

시중 후고구려의 가장 높은 벼슬.
최응 고려 초의 문신. 오경에 밝고 문장이 뛰어나 궁예 밑에서 한림랑이라는 벼슬을 하면서 신임을 얻었음.

반짝퀴즈　Q1

궁예는 스스로 □□□(이)라고 하며, 관심법을 핑계로 뜻을 거스르는 신하를 없애려고 했다.

그렇다고 하세요.

관심법으로 왕건마저 죽이려고?

왕건과 장화 왕후가 만난 샘

완사천은 태조 왕건과 장화 왕후 오씨가 처음 만났다는 샘이에요. 전설에 따르면 왕건이 이 샘을 지나다가 한 여인에게 물 한 그릇을 청하자 여인이 버들잎을 띄워 주었다고 해요. 물을 급히 마시다가 체하지 않게 하려는 뜻이었지요. 왕건은 여인의 총명함과 아름다움에 끌려 아내로 삼았는데, 이 여인이 바로 장화 왕후 오씨였어요.

완사천(전라남도 나주시)

포악하다 사납고 악하다.
나주 전라남도 중서부에 위치한 지역.

왕건, 궁예를 몰아내고 고려를 세우다

후고구려의 신하들은 포악한 궁예를 몰아내려고 했어요.

'궁예를 내쫓은 다음 누구를 왕으로 세우는 게 좋을까? 그래, 왕건이라면 믿을 만하지.'

왕건은 송악에서 무역으로 큰돈을 번 호족의 아들이었어요. 궁예가 나라를 세우려고 할 때, 왕건의 아버지가 재산을 내주며 궁예의 편에 섰지요. 그때 스무 살이었던 왕건도 궁예의 부하가 되었어요.

왕건은 군사들을 이끌고 전투를 벌이며 궁예가 후고구려를 세우는 데 큰 도움을 주었어요.

후고구려가 세워진 뒤에는 후백제와 싸우며 영토를 넓혀 갔지요. 후백제의 땅이었던 '나주'를 후고구려의 땅으로 만들고, 점령한 지역을 돌아다니며 백성을 보살폈어요.

이처럼 많은 공을 세웠기 때문에 왕건은 후고구려의 가장 높은 벼슬인 시중의 자리에 올랐던 거예요. 후고구려의 신하와 백성들은 왕건을 믿고 따랐지요.

122

어느 날 밤, 홍유, 신숭겸, 복지겸, 배현경이라는 네 장수가 왕건을 찾아왔어요.

왕건에게 패한 궁예가 피신처로 삼았다는 삼악산성지

선뜻 동작이 빠르고 시원스러운 모양.
태봉 901년에 궁예가 송악에 도읍하여 세운 나라.

"포악한 궁예를 몰아내고 왕 시중을 새로운 왕으로 모시고자 합니다. 뜻을 받아들여 주십시오."

하지만 왕건은 선뜻 받아들이지 못하고 망설였어요. 그때 방문 밖에서 이야기를 듣던 왕건의 부인이 문을 열고 갑옷을 내밀었어요.

"백성을 위해 나쁜 왕을 몰아내고, 바른 정치를 펼치십시오."

부인의 말을 듣고 왕건은 마음을 정했어요. 군대를 이끌고 궁궐로 향했지요. 왕건이 군사들을 이끌고 온다는 소식에 궁예는 부랴부랴 궁궐에서 도망쳤어요.

918년, 왕건은 왕의 자리에 올랐어요. 그리고 태봉의 이름을 '고려'로 바꾸었지요.

Q2

반짝퀴즈

□□은/는 포악한 궁예를 몰아내고 왕이 되어 '고려'를 세웠다.

⭐ 고려의 건국

- 궁예는 처음에 후고구려를 잘 다스렸지만 나중에는 많은 사람을 죽이며 포악한 정치를 했다.
- 송악 호족 출신 왕건은 궁예의 신하로 많은 공을 세워 시중에 올랐다.
- 왕건이 백성들의 신뢰를 잃은 궁예를 왕의 자리에서 몰아냈다.
- 왕건은 왕위에 올라 나라 이름을 '고려'로 바꾸었다(918년).

1 다음 가상 인터뷰에 등장하는 '나'는 누구입니까? (   )

나는 송악에서 무역으로 큰돈을 번 호족의 아들이야. 궁예가 후고구려를 세울 때, 아버지가 재산을 내주며 궁예의 편에 섰단다. 그때 나도 궁예의 부하가 되었지.

① 견훤   ② 홍유   ③ 왕건   ④ 신숭겸   ⑤ 복지겸

2 다음 왕건에 대한 설명이 맞으면 ○표, 틀리면 X표 하세요.

(1) 후고구려의 가장 높은 벼슬인 시중의 자리에 올랐어.

(   )

(2) 군사를 이끌고 전투를 벌여 궁예가 후고구려를 세우는 데 도움을 주었어.

(   )

(3) 포악한 정치를 펼치는 왕을 쫓아내고 새로운 왕을 세우자고 했어.

(   )

3 다음 그림 속 친구가 생각하고 있는 인물은 누구인지 이름을 쓰세요.

난폭한 정치를
하다가 왕위에서
쫓겨났어.

관심법을 핑계로
신하들을 없앴어.

나라 이름을
'마진'에서 '태봉'으로
바꾸었지.

4주 3일
학습 끝!

붙임 딱지 붙여요.

(   )

카드 세계사

중국, 5대 10국 시대를 맞다

우리나라에 후삼국 시대가 시작될 무렵, 중국에서는 5대 10국 시대가 시작되었어요(907년). 5대는 중국의 중앙 지역을 다스린 다섯 왕조로, 당을 멸망시킨 주전충이 세운 양부터 그 뒤를 이은 당, 진, 한, 주를 말해요. 10국은 그 주변에 들어선 열 개의 나라랍니다. 이들이 저마다 통일을 이루려고 다투는 바람에 중국은 무척 혼란스러웠어요. 이러한 5대 10국 시대는 70년 동안 이어졌지요.

5대 '양, 당, 진, 한, 주' 왕조. 이름이 앞 시대에 있었던 왕조와 같아서 '후'를 붙여 '후량, 후당, 후진, 후한, 후주'라고도 함.

125

후백제와 고려는 어떻게 힘겨루기를 했나요?

공부한 날짜: ☐월 ☐일

★★
견훤과 왕건의 탄생에 얽힌 이야기
견훤은 무진장(광주)에 살던 부잣집 딸과 지렁이 청년 사이에 태어났다는 전설이 있어요. 옛사람들은 지렁이를 '토룡'이라고 하여 용의 한 종류라고 보았어요. 또, 왕건은 할아버지가 용왕의 딸과 혼인하여 태어난 용건의 아들이라는 전설이 있지요. 후백제와 고려의 왕이었던 견훤과 왕건은 모두 용의 자손이라는 이야기로 신성함을 강조했어요.

경애왕 신라 제55대 왕. 고려와 좋은 관계를 맺어 후백제를 견제하려고 했음.

후백제와 고려가 힘을 겨루다

후백제를 세운 견훤은 후삼국을 통일할 꿈을 품고 있었어요. 고려를 세운 왕건 역시 다르지 않았지요. 그래서 후백제와 고려 사이에는 하루가 멀다 하고 전투가 벌어졌어요.

후백제 군대의 힘은 막강했

경애왕이 죽음을 맞은 포석정(경상북도 경주시)

어요. 왕인 견훤이 뛰어난 군인 출신이었으니까요. 고려의 왕건은 힘센 후백제와 맞서기 위해 신라와 손을 잡았어요. 견훤은 이를 가만히 두고 보지 않았어요.

927년, 견훤은 신라로 쳐들어갔어요. 당시 신라를 다스리던 경애왕은 부랴부랴 고려의 왕건에게 도움을 청했지요. 하지만 왕건이 군대를 이끌고 달려오는 사이, 견훤은 이미 서라벌에 들어섰어요.

경애왕은 어서 나오시오!

견훤은 경애왕을 위협해 스스로 목숨을 끊게 만들고, 경순왕을 신라의 허수아비 왕으로 세웠어요. 신라를 혼내 주고 난 뒤, 견훤은 신라의 보물을 싣고 신라 사람들을 포로로 잡아 서라벌을 떠났지요.

뒤늦게 서라벌에 다다른 왕건은 군사들에게 명령을 내렸어요.

"후백제군을 뒤쫓아라! 아직 멀리 가지 못했을 것이다!"

왕건과 고려군이 후백제군을 쫓아 공산에 다다랐을 때였어요. 느닷없이 후백제군이 나타나 공격을 퍼부었어요. 견훤이 군사들을 숨겨 두고 왕건을 기다리고 있었던 거예요.

예상치 못한 공격에 고려군은 우왕좌왕하다가 후백제군의 공격에 당했지요. 후백제군에게 둘러싸인 왕건도 목숨이 위태로웠어요. 그때 고려 장수인 신숭겸이 말했어요.

"제가 임금의 갑옷을 입고 후백제군과 싸울 테니, 그사이 몸을 피하십시오."

다른 방법이 없었던 왕건은 눈물을 흘리며 신숭겸의 말을 따랐어요. 신숭겸이 왕건인 체하며 싸우는 사이에 가까스로 도망쳤지요. 그러나 신숭겸을 비롯해 많은 고려의 장수와 군사가 공산 전투에서 목숨을 잃었답니다.

포로 사로잡은 적.
공산 오늘날의 대구 팔공산 부근.
신숭겸 고려 초의 무신. 궁예를 없애고 왕건을 떠받들어 고려를 세우게 함.

반짝퀴즈 Q1

신라가 고려와 손을 잡자, □□이/가 신라로 쳐들어가 경애왕을 죽이고 경순왕을 세웠다.

흐흑, 신 장군! 나 때문에 목숨을 걸다니…….

공격하라!

내가 왕건이다. 다 덤벼라!

127

안동 차전놀이

안동 차전놀이는 후백제의 견
훤과 고려 왕건의 싸움에서
유래된 민속놀이예요. 정월
대보름을 전후해서 안동 지방
에서 행해졌지요. 나무로 만
든 기구인 동채에 대장이 타
고 상대방의 동채를 눌러 땅
에 닿게 하면 이기므로, 동채
싸움이라고도 불러요.
안동 차전놀이는 동부와 서부
두 편으로 나누어 놀이를 했
어요. 그래서 동부가 이기면
동부에 풍년이 들고, 서부가
이기면 서부에 풍년이 든다고
믿었어요.

안동 차전놀이

고창 오늘날 안동 지역 일대.

공산 전투에서 패한 왕건은 부지
런히 군사들을 훈련시키며 힘을 길
렀어요. 930년, 왕건은 고창에서
다시 견훤과 맞붙었지요. 견훤의 군
대는 여전히 강했지만, 이번에는 고
려군의 힘도 만만치 않았어요.

게다가 고창 주변의 호족들이 왕
건을 도우러 달려왔어요. 지난날,
견훤이 신라의 경애왕을 죽게 만든
일이 지나쳤다고 생각했거든요. 왕

후백제와 고려의 전투

건은 호족들의 도움을 받아 고창 전투에서 큰 승리를 거두었어요.
견훤은 8천 명이나 되는 군사를 잃고 도망치기에 급급했지요.

당시 호족들은 후백제와 고려의 싸움을 눈여겨보고 있었어요. 견
훤과 왕건 중에 어느 편에 서는 것이 이로울지 따져 보았지요. 그런
데 고창에서 왕건이 후백제에 큰 승리를 거두자, 많은 호족이 고려
의 편에 섰어요.

'아무래도 후백제와 고려의 힘겨루기에서 고려가 이길 듯하구나.
그렇다면 나도 고려의 편에 서야지.'

호족들은 자신이 다스리던 지역을 왕건에게 맡겼답니다.

발해가 멸망하다

후백제와 고려가 힘겨루기를 하던 926년, 한반도 북쪽에 자리 잡고 있던 발해가 멸망했어요. '해동성국'으로 불리며 큰 힘을 떨치던 발해의 멸망은 몹시 갑작스러운 일이었어요. 발해가 거란의 침략을 받은 지 고작 15일 만에 멸망했거든요.

하지만 안타깝게도 발해가 멸망한 원인에 대한 기록이 남아 있지 않아요. 다만, 발해 내부에서 권력 다툼이 벌어졌던 것으로 짐작하고 있지요. 발해에는 고구려 유민과 말갈족 말고도 여러 민족이 모여 함께 살고 있었어요. 발해를 세운 고구려 유민이 권력을 잡고 나라를 다스렸지요. 그러자 다른 민족들이 불만을 품어 나라에 분란이 생겼고, 지배층이 서로 힘을 합치지 못해 거란의 침략에 무너진 것으로 짐작하고 있어요.

이로써 발해는 나라가 들어선 지 230여 년 만에 멸망했어요. 나라를 잃은 발해 유민은 고려로 와서 고려의 백성이 되었어요.

거란 퉁구스족과 몽골족의 혼혈로 형성된 유목 민족. 916년 야율아보기가 여러 부족을 합쳐서 거란을 세움.
분란 어수선하고 소란스러움.

반짝퀴즈 Q2

왕건이 □□ 전투에서 후백제군과 싸워 이기자, 많은 호족들이 고려의 편에 섰다.

□□

잘 오셨소.

★ **후백제와 고려의 전투**

• 신라가 고려와 손을 잡자, 견훤이 신라를 침략해 경애왕을 죽이고 경순왕을 세웠다.

• 왕건의 고려군은 공산 전투에서 후백제군에게 패했다.

• 후백제와 고려가 벌인 고창 전투에서 고려가 승리하자 많은 호족이 고려의 편에 섰다.

• 발해가 거란의 침략으로 멸망하자(926년), 많은 발해 유민이 고려의 백성이 되었다.

1 다음 ㈎~㈐를 후삼국 시대에 일어난 일의 차례에 맞게 기호를 쓰세요.

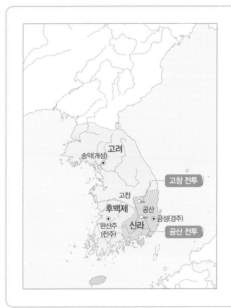

㈎ 고창에서 후백제군과 맞붙은 고려군이 후백제군을 이겼다.

㈏ 견훤이 신라로 쳐들어가 경애왕을 죽이고 경순왕을 세웠다.

㈐ 공산에서 후백제군과 고려군이 전투를 벌여 후백제군이 고려군을 크게 이겼다.

(   ) ➡ (   ) ➡ (   )

2 다음 글에서 밑줄 친 '이 나라'의 이름은 무엇입니까? (   )

926년, '해동성국'이라 불리던 이 나라는 거란의 침략을 받은 지 15일 만에 멸망했다. 멸망 원인에 대해서는 기록이 남아 있지 않으나, 내부에서 권력 다툼이 벌어졌던 것으로 짐작하고 있다. 한편 이 나라가 멸망한 이후, 유민들은 고려로 내려와 고려의 백성이 되었다.

① 신라   ② 백제   ③ 발해

④ 후백제   ⑤ 후고구려

3 다음 (가)~(라) 중 설명하는 곳의 기호를 쓰세요. (　　　)

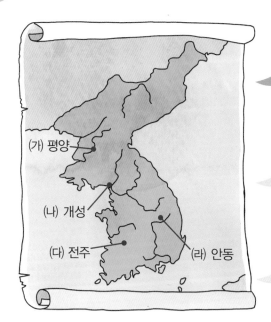

> 고려와 후백제가
> 고창 전투를 벌였던 곳이다.

> '동채싸움'이라고도 불리는
> 차전놀이가 전해 내려오는 지역이다.

> 하회 별신굿 탈놀이가 유명한 곳이다.

4주 4일
학습 끝!

붙임 딱지 붙여요.

카드 세계사

거란족이 나라를 세우다

발해를 멸망시킨 거란은 어떤 나라일까요? 거란은 왕건이 고려를 세울 무렵 거란족이 세운 나라예요. 거란족은 원래 몽골 땅에 살던 유목 민족으로, 초원을 떠돌며 양과 말을 기르고 살았어요. 당시 거란 부족이 여럿 있었는데, 이들을 한데 일컬어 '거란족'이라고 불렀지요. 그런데 '야율아보기'라는 부족장이 거란의 여러 부족을 합쳐서 거란을 세웠어요(916년). 훗날 거란은 나라 이름을 '요'로 바꾸었어요.

초원 草(풀 초), 原(언덕 원)이 합쳐진 말로, 풀이 나 있는 언덕을 뜻함.

신라와 후백제는 어떻게 멸망했나요?

★★
신검의 정변
후삼국 가운데 신라와 고려보다 군사적으로 앞선 후백제가 멸망하게 된 것은 후백제 내부에서 일어난 왕위 다툼 때문이었어요.
견훤이 넷째 아들인 금강에게 왕의 자리를 물려주려고 하자, 견훤을 도와 전쟁터에서 여러 번 공을 세운 신검은 이를 받아들일 수 없었어요.
그래서 동생인 양검, 용검과 함께 반란을 일으켜 후백제의 2대 왕이 되었지요.
당시 왕의 자리를 두고 다투었던 신검과 금강의 싸움은 두 사람을 지지하던 호족끼리의 싸움이기도 했어요.

견훤이 항복하고 경순왕이 신라를 넘기다

후백제를 다스리며 고려와 치열한 전쟁을 벌이는 사이, 견훤은 예순이 넘은 나이가 되었어요. 견훤은 열 명이 넘는 아들을 두었는데, 넷째인 금강에게 후백제의 왕위를 물려주려고 했지요. 그러자 맏아들

금산사(전라북도 김제시)

신검이 불만을 품고 반란을 일으켰어요. 동생 금강을 죽이고, 아버지 견훤을 '금산사'라는 절에 가두어 버렸지요.

"동생을 죽이고 나를 가두다니! 신검, 너를 용서하지 않겠다!"

견훤은 몹시 분노했어요. 갇힌 지 석 달 만에 겨우 절에서 도망쳤지요. 그러나 신검이 다스리는 후백제에 머물 수는 없었어요. 견훤은 고려 땅인 나주로 가서 왕건에게 도움을 청했어요.

왕건은 크게 기뻐하며 견훤을 송악으로 데려와 보호해 주었어요.

신검을 용서할 수 없었던 견훤은 왕건에게 후백제를 공격하자고 했어요. 왕건은 고개를 끄덕였지요.

한편, 견훤이 왕건에게 갔다는 소식이 신라에 전해졌어요. 소식을 들은 경순왕은 탄식했어요.

'아! 머지않아 후백제가 고려에 무너지겠구나. 후백제를 차지한 왕건은 통일을 이루기 위해 신라를 공격할 것이다.'

경순왕은 신하들을 한자리에 모아 무거운 목소리로 말했지요.

"신라는 이미 오래전에 힘을 잃었소. 더는 신라를 지킬 힘이 없으니, 고려에 항복하려 하오."

경순왕의 말에 태자는 크게 반대했어요.

"나라가 흥하고 망하는 것은 하늘의 뜻입니다. 신하와 백성이 힘을 합한다면 고려를 막을 수 있을 것입니다. 어찌 천 년을 이어 온 신라를 고려에 넘기려 하십니까?"

그러나 경순왕의 결심은 이미 굳었어요.

"만약 고려와 전쟁을 벌인다면, 많은 군사와 백성이 목숨을 잃을 것이다. 그들을 헛되이 죽게 할 수는 없다."

경순왕 신라 제56대 마지막 왕. 경애왕이 죽은 뒤 견훤에 의해 왕위에 올랐으나, 935년 고려 왕건에게 항복하였음.
탄식하다 억울하거나 뉘우치는 일이 있을 때 한탄하여 한숨을 쉬다.
태자 왕위를 잇게 될 왕자.

반짝퀴즈 Q1

신라의 마지막 왕인 경순왕은 견훤이 왕건에게 갔다는 소식을 듣고, □□에 항복하기로 했다.

고려 후삼국 통일의 의의

왕건이 이루어 낸 후삼국 통일은 여러 가지 의의를 가지고 있어요.

먼저 호족 세력과 6두품 출신들이 새로운 지배층으로 등장했다는 점이에요.

또, 신라와 후백제, 발해 유민까지 모두 고려로 받아들여 실질적인 민족의 통합을 이루어 냈어요.

마지막으로 옛 삼국의 사람들이 함께 모여 살면서 다양한 문화가 어우러지게 되었다는 점도 있어요. 이를 바탕으로 새로운 민족 문화를 만들 수 있게 되었지요.

후삼국을 통일한 태조 왕건

후백제가 멸망하다

경순왕은 왕건에게 항복한다는 뜻을 전했어요. 신하들을 거느리고 고려로 향했지요. 왕건은 예의를 갖추어 경순왕을 맞았어요. 경순왕에게 높은 벼슬을 주고, 세상을 떠날 때까지 편히 살 수 있게 해 주었지요.

마의 태자가 지었다는 석굴 절터인 충주 미륵대원지(충청북도 충주시)

한편, 경순왕의 아들인 태자는 눈물을 흘리며 궁을 떠났어요. 세상을 등진 채 금강산 깊은 곳으로 들어갔지요. 삼베옷을 입고 풀뿌리와 나무뿌리를 캐 먹으며 살았어요. 그래서 사람들은 그를 '마의 태자'라고 불렀어요. '마의'가 '삼베옷'이라는 뜻이거든요. 마의 태자는 홀로 금강산에서 지내다 세상을 떠났답니다.

935년, 경순왕이 스스로 고려에 나라를 넘기면서 왕건은 싸움 없이 신라를 손에 넣었어요. 신라를 '경주'로 고쳐 부르도록 했지요. 천년을 이어져 온 나라 신라는 이렇게 역사 속으로 사라졌어요.

신라가 고려에 항복한 이듬해, 왕건은 10만 명의 군사를 이끌고 후백제로 쳐들어갔어요. 후백제의 왕이 된 신검도 군사들을 거느리고 달려 나왔지요. 그런데 고려군과 마주한 후백제군이 술렁였어요.

"앗! 저분은 우리의 옛 임금이 아닌가!"

고려군의 맨 앞에 견훤이 서 있었던 거예요. 견훤을 본 후백제 군사들은 싸울 마음을 잃어버렸어요. 무기를 버리고 달려와 견훤 앞에 무릎을 꿇는 장수들도 있었지요.

"무엇 하느냐? 당장 고려군을 공격하라!"

신검이 소리치며 고려군을 공격했지만, 이제 후백제군은 고려군의 상대가 되지 못했어요. 936년, 고려는 후백제를 무너뜨리고 통일을 이루었어요. 약 40년 동안 세 나라가 힘을 겨루던 후삼국 시대도 막을 내렸지요. 통일을 이룬 고려는 새로운 시대를 열었답니다.

술렁이다 어수선하게 소란이 일다.

반짝퀴즈 Q2

고려가 마지막 남은 후백제를 무너뜨리고 □□□을/를 통일했다.

고려가 통일을 이루었다!

흑흑, 내가 세운 나라를 내 손으로 무너뜨리다니……

★ 고려의 후삼국 통일

- 후백제의 견훤이 넷째 금강에게 왕위를 물려주려고 하자, 맏아들 신검이 반란을 일으켰다.
- 신검은 금강을 죽이고 견훤을 금산사에 가두었다.
- 신검에게 왕위를 빼앗긴 견훤은 금산사를 탈출해 고려에 귀순했다.
- 신라의 경순왕은 스스로 고려에 항복해 신라가 멸망했다(935년).
- 고려가 후백제군을 무너뜨리며 후삼국 통일을 이루었다(936년).

1 다음에서 설명하는 인물은 누구입니까? (   )

충주 미륵대원지

- 신라 경순왕의 아들임.
- 고려에 맞서 싸우자고 주장함.
- 신라가 고려에 넘어가자, 궁을 떠나 금강산에서 삼베옷을 입고 풀뿌리를 캐어 먹으며 지내다 세상을 떠남.

① 금강
② 신검
③ 견훤
④ 경애왕
⑤ 마의 태자

2 다음 후삼국 통일과 관련한 설명이 맞으면 ○표, 틀리면 X표 하세요.

(1) 견훤은 넷째 아들 금강에게 후백제의 왕위를 물려주려고 했어.

(   )

(2) 견훤의 맏아들 신검은 동생 금강을 죽이고 견훤을 절에 가두었어.

(   )

(3) 절에서 도망친 견훤은 고려 왕건에게 후백제를 공격하자고 했지.

(   )

(4) 신라의 경순왕은 군사들을 이끌고 고려에 맞서 싸우다 죽음을 맞았어.

(   )

44회 기출 응용

3 다음 (가)~(다)를 일이 일어난 차례에 맞게 기호를 쓰세요.

4주 5일
학습 끝!

붙임 딱지 붙여요.

(   ) ➡ (   ) ➡ (   )

카드 세계사

노르만족, 노르망디 공국을 세우다

이곳에 바이킹의 나라를 세우자!

노르망디 공국

고려가 후삼국을 통일할 즈음, 유럽에서는 노르만족이 '노르망디 공국'을 세웠어요(911년). 노르만족은 바이킹으로 불리던 민족이에요. 노르만족은 9세기경부터 유럽의 해안과 내륙 지방을 점령하며 곳곳에 나라를 세웠어요. 그중 노르망디 공국은 프랑스 북서부 지역에 세운 나라이지요. 그 뒤, 프랑스 북서부 지역은 '노르만인의 땅'이라는 뜻의 '노르망디'라고 불리게 되었어요.

노르만족 게르만족 중에서 본래 덴마크, 스칸디나비아 지방에서 살던 민족.

정답 및 풀이

쪽수를 잘 보고 정확한 정답과
자세한 풀이를 만나 보세요.

PART 1 고구려의 대외 항쟁과 신라의 삼국 통일

01 고구려는 어떻게 수의 침략을 막아 냈나요?

반짝퀴즈 13, 15쪽

Q1. 고구려 Q2. 살수 대첩

1. 612년, 수 양제는 대규모의 군대를 이끌고 영양왕이 다스리는 고구려를 침략했습니다.
2. 을지문덕이 이끄는 고구려군은 살수에서 수의 군대와 싸워 큰 승리를 거두었습니다. 이 전투를 '살수 대첩'이라고 합니다.

역사 쏙쏙 16~17쪽

1. ③ 2. (3) ○ 3. ②

1. 살수에서 수의 군대를 크게 물리친 고구려 장군은 을지문덕입니다.
2. 수 양제는 고구려의 요동성을 공격했지만 함락시키지 못했습니다. (1) 수는 한 번이 아니라 여러 차례 고구려를 침략했습니다. (2) 을지문덕은 평양성 근처에서 되돌아가는 수의 별동대와 싸워 크게 이겼습니다.
3. 주어진 그림 속 장면에 해당하는 사건은 살수 대첩입니다.

02 고구려는 당의 침략을 어떻게 물리쳤나요?

반짝퀴즈 19, 21쪽

Q1. 연개소문 Q2. 안시성

1. 연개소문은 정변을 일으켜 보장왕을 왕으로 삼고 대막리지가 되어 고구려의 권력을 차지했습니다.
2. 당 태종이 군대를 이끌고 쳐들어왔으나, 고구려군은 안시성에서 당군을 막아 냈습니다.

역사 쏙쏙 22~23쪽

1. ④ 2. (1) × (2) ○ (3) × (4) ○ 3. ③

1. 세 친구는 천리장성에 대해 이야기하고 있습니다. 고구려는 당의 침입에 대비해 천리장성을 쌓았습니다.
2. (1), (3) 연개소문은 고구려의 장군으로, 고구려가 당과 당당히 맞서서 싸워야 한다고 주장했습니다. 당에 맞서면 안 된다고 주장했던 사람은 영류왕과 다른 신하들입니다. 후에 연개소문은 대막리지라는 높은 벼슬을 새로 만들어 그 자리에 앉았습니다.
3. 주어진 그림은 고구려군이 안시성에서 흙산을 쌓은 당군을 물리친 안시성 싸움을 나타내고 있습니다.

03 백제는 어떻게 멸망했나요?

반짝퀴즈 25, 27쪽

Q1. 김춘추 Q2. 백제

1. 신라의 김춘추는 고구려에 도움을 요청했으나 거절당했습니다. 그러자 당으로 건너가 힘을 합해 백제와 고구려를 무너뜨리자고 제안했습니다.
2. 나라가 혼란스러워진 백제는 신라와 당의 연합군이 공격하자 무너졌습니다.

1. ④ 2. ⑤ 3. ㉛

1. 백제의 마지막 왕은 의자왕입니다. 처음에 의자왕은 백제를 잘 다스렸습니다. 그러나 왕위에 오른 지 15년이 되던 해부터 나라를 제대로 돌보지 않고, 충성스러운 신하인 성충의 충고도 받아들이지 않았습니다.
2. 주어진 그림은 황산벌 전투에서 신라의 관창이 백제 군사들에게 붙잡혀 계백 장군 앞으로 끌려온 장면입니다.
3. 주어진 그림은 신라가 백제 의자왕의 공격을 받은 뒤, 김춘추를 고구려로 보내 도움을 청하는 장면입니다. 따라서 그림 속 사건은 의자왕의 즉위 이후 백제의 멸망 전에 벌어진 일입니다.

04 힘센 고구려는 어떻게 무너졌나요?

Q1. 대막리지 Q2. 고구려

1. 연개소문이 세상을 떠나자 연개소문의 세 아들은 대막리지 자리를 두고 권력 다툼을 벌였습니다.
2. 오랜 세월 중국의 한반도 침략을 막아 주던 고구려는 신라와 당의 연합군에 멸망했습니다.

1. ㉮, ㉣, ㉯, ㉰ 2. (3) ○ 3. ㉰

1. ㉮ 연개소문이 죽은 뒤, 맏아들 연남생이 대막리지 자리에 올랐습니다. ㉣ 그런데 연남생이 지방을 둘러보러 간 사이에 두 동생이 권력을 잡고 연남생에게 군대를 보냈습니다. ㉯ 두려움을 느낀 연남생은 고구려에서 도망쳐 당으로 갔습니다. ㉰ 얼마 뒤, 신라와 당이 손을 잡고 고구려를 침략하자 연정토는 신라에 12개의 성을 바치며 항복했습니다.
2. 고구려는 힘센 나라였지만 수, 당과 오랜 전쟁을 치르는 동안 점점 힘이 약해졌습니다. 또한 연개소문이 죽

은 뒤 권력 다툼이 일어나 신라와 당의 공격을 막지 못해 멸망하고 말았습니다.
3. 주어진 그림 속 장면은 신라와 당이 백제를 멸망시킨 뒤, 고구려를 침략하는 상황을 나타낸 것입니다.

05 신라는 당의 군대를 어떻게 몰아냈나요?

Q1. 당 Q2. 기벌포

1. 당의 군대는 신라와의 약속을 어기고 백제와 고구려가 무너진 뒤에도 한반도를 떠나지 않았습니다.
2. 신라는 매소성과 기벌포에서 차례로 전투를 벌이며 당의 군대를 몰아냈습니다. 당과의 싸움을 완전히 끝낸 것은 기벌포 전투입니다.

1. ③ 2. ㉣, ㉮, ㉯ 3. ②

1. 주어진 역사 신문의 기사는 신라군이 당군을 몰아낸 기벌포 전투에 대한 내용입니다. 따라서 이 역사 신문에서 '우리나라'는 신라임을 알 수 있습니다.
2. 신라의 삼국 통일 과정은 ㉢ 신라와 당의 연합 → ㉣ 사비성 함락, 백제 멸망 → ㉮ 평양성 함락, 고구려 멸망 → ㉯ 기벌포 전투, 당군 격퇴 → ㉰ 삼국 통일 완성의 순서로 이루어졌습니다.
3. 신라의 제30대 왕으로 삼국 통일을 이룬 왕은 문무왕입니다. 문무왕의 아버지 태종 무열왕 김춘추는 신라의 통일을 이루지 못하고 죽었습니다. 삼국 통일을 완성한 문무왕은 세상을 떠나며 동해 앞바다에 장사 지내 달라고 했습니다. 그는 죽은 뒤에도 동해의 용이 되어 신라를 지키겠다는 말을 남겼다고 전해집니다.

PART 2 발해의 건국과 남북국 시대

06 통일을 이룬 신라에 어떤 변화가 생겼나요?

반짝퀴즈 45, 47쪽

Q1. 관료전   Q2. 소경

1. 신문왕은 귀족의 힘을 눌러 왕의 힘을 강하게 하려고 녹읍을 없애고, 그 대신 관료전을 지급했습니다.
2. 신문왕은 전국을 9개의 주로 나누고, 5개의 작은 도읍인 5소경을 만들었습니다.

역사 쏙쏙 48~49쪽

1. 9, 5   2. (1) ◯ (2) ◯ (3) × (4) ◯   3. ③

1. 주어진 자료는 통일 신라의 9주 5소경을 나타낸 지도입니다. 신라는 삼국 통일 후 전국을 9개의 주로 나누었습니다. 또한 도읍인 서라벌의 단점을 보완하기 위해 작은 도읍인 5소경을 만들었습니다.
2. (3) 통일 신라의 왕궁과 수도를 지키는 군대인 9서당에는 옛 고구려와 백제, 말갈 사람도 있었습니다.
3. 문무왕의 아들로, 국학을 설치하고 감은사를 건립한 왕은 신문왕입니다. 만파식적 이야기 또한 신문왕 때의 이야기입니다.

07 발해는 어떻게 세워졌나요?

반짝퀴즈 51, 53쪽

Q1. 대조영   Q2. 발해

1. 대조영과 그의 아버지 걸걸중상은 고구려의 유민을 이끌고 말갈족과 함께 당을 탈출했습니다.
2. 대조영은 동모산 기슭에 발해라는 새로운 나라를 세우고 고구려를 잇는 나라임을 밝혔습니다.

역사 쏙쏙 54~55쪽

1. ③   2. (1) ◯ (3) ◯   3. (나), (다), (가)

1. 고구려 유민과 말갈족 등을 이끌고 당을 탈출한 뒤, 발해를 세운 인물은 대조영입니다.
2. (2) 발해는 주변과 싸우며 영토를 넓혔습니다. 그래서 신라의 삼국 통일 과정에서 당에 빼앗겼던 고구려 땅을 거의 되찾았습니다. (1), (3)은 발해 건국에 대한 설명으로 알맞습니다.
3. (가)~(다)는 발해의 건국 과정을 나타낸 것입니다. (나) 대조영은 고구려 유민 등을 이끌고 당을 탈출했습니다. (다) 당의 군대가 이들을 뒤쫓자, 대조영은 천문령에서 당의 군대를 물리쳤습니다. (가) 그 뒤, 동모산 근처에 발해를 세웠습니다.

08 발해를 왜 '해동성국'이라고 불렀나요?

반짝퀴즈 57, 59쪽

Q1. 무왕   Q2. 선왕

1. 발해의 무왕은 고구려의 옛 땅을 빠르게 회복하며 발해의 영토를 넓히는 데 힘을 쏟았습니다.
2. 선왕이 다스리던 시절, 당은 발해를 '해동성국'이라고 불렀습니다. 해동성국은 '바다 동쪽의 번성한 나라'라는 뜻입니다.

1. (1) 발해의 제2대 왕인 무왕은 영토를 넓히는 데 힘을 쏟았습니다. 그리고 당이 흑수말갈과 손을 잡자, 당의 산둥 지방을 공격했습니다. (2) 문왕은 '대흥'이라는 독자적인 연호를 사용해 발해가 독립국임을 알렸습니다. 또, 발해의 도읍을 세 번이나 옮겼습니다.

2. 선왕이 다스리던 시절, 발해는 전성기를 맞았습니다. 당은 이런 발해를 '해동성국'이라고 불렀습니다.

3. 주어진 책에서 목차의 내용은 발해의 역사에 관한 것입니다.

09 장보고를 왜 '바다의 왕'이라고 부르나요?

1. 무술이 뛰어났지만, 신분이 낮아 관리가 될 수 없었던 장보고는 당으로 건너갔습니다. 장보고는 당에서 전투를 승리로 이끌고, 그 공을 인정받아 무령군 소장이라는 벼슬에 올랐습니다.

2. 장보고가 완도에 설치한 해군 기지는 '청해진'입니다.

1. 완도에 청해진이라는 해군 기지를 만들어 해적을 소탕한 인물은 장보고입니다.

2. (1) 장보고는 신라 사람으로, 신분이 낮았습니다. (2)~(4)는 장보고에 대한 설명으로 알맞습니다.

3. 장보고가 바다를 지키자, 배들이 안전하게 신라를 오가게 되어 무역이 활발해졌습니다. 또한 청해진은 동남아시아의 중요한 무역 중심지가 되었습니다.

10 신라의 신분 제도는 어떤 문제점이 있었나요?

1. 신라에는 오래전부터 이어져 온 '골품제'라는 엄격한 신분 제도가 있었습니다.

2. 최치원은 신라를 걱정하여 진성 여왕에게 '시무 10여 조'를 제안했습니다. 그러나 진골 귀족들의 반대로 받아들여지지 않았습니다.

1. 골품제에서 가장 높은 신분은 '성골'입니다. 골품제는 엄격한 신분 제도였고, 신분에 따라 올라갈 수 있는 관직에 한계가 있었습니다.

2. 당에 반란을 일으킨 황소를 꾸짖는 「토황소격문」이라는 글을 쓴 인물은 최치원입니다. 이 글로 최치원은 당에서 이름을 떨쳤습니다.

3. 주어진 그림 속 아이들이 말한 인물은 최치원입니다. 최치원은 6두품 출신으로 당에서 빈공과에 합격한 후, 관직 생활을 했습니다. 신라로 돌아온 최치원은 혼란스러운 신라를 바로잡으려고 진성 여왕에게 '시무 10여 조'를 제안했습니다.

PART 3 통일 신라와 발해의 사회·문화

11 통일 신라와 발해는 다른 나라와 어떻게 교류했나요?

반짝퀴즈 77, 79쪽

Q1. 신라관   Q2. 신라도

1. 통일 신라는 당과 활발히 교류했습니다. 그래서 당은 등주에 신라에서 온 사신과 스님이 머물며 쉴 수 있는 신라관을 설치했습니다.
2. 발해에서 신라로 가는 길을 '신라도'라고 했습니다. 발해는 신라도를 통해 신라와 교류했습니다.

역사 쏙쏙 80~81쪽

1. (1) ③ (2) ① (3) ② 2. ③ 3. ㈏

1. (1) 신라관은 당이 신라에서 온 사신과 스님이 머물며 쉴 수 있도록 마련한 곳입니다. (2) 신라원은 신라 사람들이 당에 세운 절입니다. (3) 신라방은 당으로 건너간 신라 사람들이 모여 살던 마을입니다.
2. 주어진 자료는 발해가 다른 나라와 다섯 길로 교류한 내용을 나타낸 지도입니다.
3. 통일 신라 때 장보고는 청해진을 설치해 당과 왜 사이에서 중계 무역을 하며 국제 무역을 주도했습니다. ㈎와 ㈐는 백제의 대외 교류에 대한 내용이고, ㈑는 조선 시대의 일입니다.

12 통일 신라에서 불교는 어떻게 널리 퍼졌나요?

반짝퀴즈 83, 85쪽

Q1. 불교(부처)   Q2. 의상

1. 원효 스님은 불교의 가르침을 쉬운 노랫말로 불러서 백성에게 널리 알렸습니다.
2. 세상 모든 것이 연결되어 있다는 생각인 '화엄 사상'을 펼친 사람은 의상 스님입니다.

역사 쏙쏙 86~87쪽

1. 원효 2. ② 3. ⑤

1. 세 친구가 말하는 인물은 '원효'입니다. 통일 신라의 스님이었던 원효는 왕실과 귀족들이 믿던 불교를 백성들에게 널리 보급했습니다.
2. 의상은 당에서 10년 동안 공부하고 신라로 돌아와 화엄 사상을 펼쳤습니다. 그리고 불교를 널리 알리기 위해 부석사를 비롯해 많은 절을 짓고 제자들을 길러 냈습니다.
3. 혜초가 인도와 중앙아시아 지역을 여행한 뒤 쓴 책은 『왕오천축국전』입니다.

13 통일 신라와 발해 사람들은 어떻게 살았나요?

반짝퀴즈 89, 91쪽

Q1. 귀족   Q2. 온돌

1. 신라의 귀족들은 많은 재산을 가지고 금입택에 살며 화려한 생활을 했습니다. 반면 평민은 농사를 지어 세금을 내고 궁궐이나 성을 짓는 공사에 동원되는 등 어려운 생활을 했습니다.
2. 발해 사람들이 겨울을 따뜻하게 보내기 위해 집집이 설치한 난방 장치는 온돌입니다.

1. (1) ② (2) ① 2. (1) ○ (2) ○ (4) ○ 3. (다)

1. 통일 신라 사람들은 신분에 따라 다른 생활을 했습니다. 귀족은 많은 재산을 가지고 풍족한 생활을 했습니다. 반면 평민은 초가집에 살며 농사를 지어 일부를 세금으로 내고 나라의 공사에 동원되었습니다.

2. (3) 발해 사람들은 대부분 잡곡 농사를 지었고, 가축을 많이 길렀습니다. (1), (2), (4)는 발해에 대한 설명으로 알맞습니다.

3. 주어진 자료는 신라의 '민정 문서'입니다. 민정 문서에는 마을 이름과 크기, 인구, 농사짓는 땅의 넓이, 마을 사람들이 기르는 가축의 종류와 수 등이 적혀 있었습니다. 통일 신라는 각 마을의 정보를 파악해 세금을 거두기 위해 민정 문서를 만들었습니다.

14 통일 신라는 어떤 문화유산을 남겼나요?

Q1. 다보탑 Q2. 에밀레종

1. 불국사 앞마당에 마주 보고 서 있는 탑은 불국사 삼층 석탑(석가탑)과 다보탑입니다.

2. 성덕 대왕 신종은 종소리가 '에밀레' 하면서 들린다고 하여 '에밀레종'이라고도 부릅니다.

1. (1) 불국사 (2) 석굴암 2. 성덕 대왕 신종 3. ⑤

1. 주어진 사진과 신라 사람들이 부처님의 나라인 불국이 되기를 바라며 지은 절이라는 설명에서 (1)이 불국사임을 알 수 있습니다. 석굴 안에 있는 불상 사진과 돌을 동굴 모양으로 쌓았다는 데서 (2)가 석굴암임을 알 수 있습니다.

2. 세 친구가 설명하는 종은 '성덕 대왕 신종'입니다. 성덕왕을 기리기 위해 만들었다는 데서 종의 이름을 짐작할 수 있습니다.

3. 불국사 삼층 석탑에서 나온 문화유산은 『무구 정광 대다라니경』입니다.

15 발해는 어떤 문화유산을 남겼나요?

Q1. 고구려 Q2. 불교

1. 발해는 고구려 문화를 이어받고 당과 말갈 문화를 받아들여 발해만의 고유하고 독특한 문화를 만들어 냈습니다.

2. 이불병좌상은 두 부처가 나란히 앉은 모습의 불상이고, 발해 석등은 절터에서 발견된 돌로 만든 등입니다. 이로 보아 발해에서 불교문화가 발달했음을 알 수 있습니다.

1. ⑤ 2. (2) ○ 3. 불교

1. 발해의 정효 공주 무덤에는 고구려와 당의 양식이 모두 사용되었습니다. 그리고 이 둘이 어울려 발해의 독자적인 문화로 자리 잡는 모습이 잘 나타나 있습니다.

2. 고구려의 기와와 발해의 기와에는 똑같이 연꽃무늬가 있으며 선이나 모양이 비슷합니다. 두 유물을 통해 발해의 문화가 고구려 문화의 영향을 받았다는 사실을 알 수 있습니다.

3. 발해 석등은 발해의 도읍이었던 상경성의 절터에서 발견되었습니다. 따라서 발해 석등과 관련 있는 종교는 불교입니다.

PART 4 통일 신라의 멸망과 후삼국 통일

16 신라 말의 사회는 왜 혼란스러웠나요?

반짝퀴즈 109, 111쪽

Q1. 세금 Q2. 호족

1. 신라 말에는 진골 귀족들 간에 왕위 다툼이 벌어졌습니다. 지방 관리들이 백성을 수탈하여 백성은 땅을 빼앗기고 떠돌거나 도적이 되었습니다.
2. 신라 말, 지방 곳곳에서 세력을 키운 호족은 자신을 '성주' 또는 '장군'이라고 불렀습니다.

역사 쏙쏙 112~113쪽

1. (1) ○ (3) ○ 2. ④ 3. ②

1. (2) 신라 말, 정치가 혼란스러워지자 지방 관리들은 백성에게 가혹한 세금을 거두어 제 배를 채웠습니다. (1), (3)은 신라 말의 상황으로 알맞습니다.
2. 진성 여왕 때 백성에게 세금을 더 거두려고 하자, 889년 사벌주에서 원종과 애노가 농민들을 이끌고 봉기했습니다.
3. 신라 말에 나타난 지방 세력인 호족은 스스로 성주 또는 장군이라고 칭하며, 군대를 거느리고 백성에게 세금도 거두었습니다.

17 후백제와 후고구려는 어떻게 세워졌나요?

반짝퀴즈 115, 117쪽

Q1. 후백제 Q2. 후고구려

1. 신라의 서남쪽 바다를 지키던 군인이었던 견훤은 완산주를 도읍으로 후백제를 세웠습니다.
2. 901년, 신라의 왕족이었던 궁예가 송악을 도읍으로 세운 나라는 후고구려입니다.

역사 쏙쏙 118~119쪽

1. ② 2. 후삼국 3. 궁예

1. 세 친구가 말한 인물은 '견훤'입니다. 아자개의 아들인 견훤은 완산주를 도읍으로 후백제를 세웠습니다.
2. 신라 말에 견훤과 궁예가 후백제와 후고구려를 세우면서 후삼국 시대가 시작되었습니다.
3. 신라의 왕족 출신으로, 송악에 후고구려를 세운 인물은 궁예입니다.

18 후고구려는 어떻게 고려가 되었나요?

반짝퀴즈 121, 123쪽

Q1. 미륵불 Q2. 왕건

1. 스스로 미륵불이라고 하던 궁예는 자신에게 관심법이라는 능력이 있다고 했습니다. 이를 핑계로 자신의 뜻을 거스르는 신하를 죽였습니다.
2. 포악한 궁예를 몰아내고 왕이 된 왕건은 나라 이름을 '고려'로 바꾸었습니다.

역사 쏙쏙 124~125쪽

1. ③ 2. (1) ○ (2) ○ (3) × 3. 궁예

1. 송악 호족의 아들로 궁예의 부하가 된 인물은 왕건입

니다.

2. ⑶ 왕건은 왕이 되어 달라는 장수들의 제안을 받아들였습니다.

3. 그림 속 친구가 생각하는 인물은 궁예입니다. 궁예는 스스로를 미륵불이라고 하며 관심법을 핑계로 신하들을 함부로 죽이는 등 포악한 정치를 해서 왕위에서 쫓겨났습니다.

19 후백제와 고려는 어떻게 힘겨루기를 했나요?

반짝퀴즈 127, 129쪽

Q1. 견훤 Q2. 고창

1. 신라가 고려와 손을 잡자, 이를 못마땅하게 여긴 견훤이 신라로 쳐들어갔습니다. 견훤은 경애왕이 스스로 목숨을 끊게 만들고 경순왕을 허수아비 왕으로 세웠습니다.

2. 왕건이 고창 전투에서 후백제에 승리하자, 눈치를 보던 많은 호족들이 고려의 편에 섰습니다.

역사쏙쏙 130~131쪽

1. (나), (다), (가) 2. ③ 3. (라)

1. (나) 신라가 고려와 손을 잡자 견훤은 신라로 쳐들어가 경애왕을 죽게 하고, 경순왕을 허수아비 왕으로 세웠습니다. (다) 왕건이 후백제군을 뒤쫓아 공산 전투를 벌였으나 후백제군이 이겼습니다. (가) 그 뒤, 고려와 후백제가 고창에서 다시 맞붙었는데, 이 전투에서는 고려군이 이겼습니다.

2. 주어진 글은 '발해'의 멸망에 관한 내용입니다. 발해는 한때 '해동성국'이라고 불렸으나 거란의 공격에 멸망하였습니다.

3. 세 친구가 말한 곳은 (라) 안동입니다. 후백제와 고려의 전투가 벌어졌던 고창은 오늘날의 안동 지역입니다. 이 고창 전투를 기념하여 만들어진 놀이가 안동 차전놀이입니다. 안동은 하회 별신굿 탈놀이가 전해 내려

오는 곳으로도 유명합니다.

20 신라와 후백제는 어떻게 멸망했나요?

반짝퀴즈 133, 135쪽

Q1. 고려 Q2. 후삼국

1. 신라의 마지막 왕인 경순왕은 후백제의 견훤이 왕건에게 귀순했다는 소식을 듣고, 고려에 항복하기로 했습니다.

2. 신라의 항복을 받은 고려는 후백제를 무너뜨리고 후삼국을 통일했습니다.

역사쏙쏙 136~137쪽

1. ⑤ 2. (1) ○ (2) ○ (3) ○ (4) × 3. (나), (다), (가)

1. 주어진 사진은 마의 태자가 지었다고 알려진 충주 미륵대원지입니다. 마의 태자는 경순왕의 아들로, 신라가 고려에 항복하자 금강산 깊은 곳으로 들어가 세상을 등졌습니다.

2. (4) 신라의 경순왕은 고려의 왕건에게 순순히 나라를 넘겨주었기 때문에 신라와 고려 사이에는 전쟁이 일어나지 않았습니다.

3. (나) 고창 전투에서 후백제를 이긴 고려는 많은 호족의 지지를 얻게 되었습니다. (다) 후백제의 왕위 다툼으로 견훤이 고려에 귀순하자 신라의 경순왕이 고려에 항복했습니다. (가) 그 뒤 고려가 후백제를 무너뜨리고 후삼국을 통일했습니다.

와우~
2권을 모두 끝냈네요!
3권에서 다시 만나요!

NE능률플러스 카페는 대한민국 대표 교육기업 NE능률의 공식 카페로
초등 학부모를 위한 교육 정보와 학습 자료를 제공합니다.

NE 능률

NE능률과 함께 *Learn* 아이와 함께 *Run*

NE능률플러스 학습단 모집

NE능률플러스 카페에서는 매월 셋째 주 학습단을 모집합니다.
4주간의 학습단 활동으로 **엄마표 학습 노하우와 교육 정보**를 얻고,
아이의 **자기주도 학습 습관**을 길러주세요.

▶▶ 카페바로가기

NE능률플러스 카페 ▼

모집 대상 유·초등 자녀 교육에 관심이 있는 학부모

모집 기간 매월 셋째 주 모집 (학습단 공지&발표 게시판)

학습단 혜택 - 교재 및 활동 지원금
- 매주 진행되는 깜짝 이벤트와 푸짐한 경품
- 학습 독려 쪽지 발송
- NE Times 영자신문 1개월 구독권

학습단 소개 러닝맘
- 다양한 활동과 일상을 공유하는 서포터즈
교재 리뷰단
- 생생한 교재 후기를 공유하는 프로 학습러
맘스터디
- 엄마표 학습 꿀팁을 나누는 온·오프라인 스터디
자율학습단
- 스스로 공부 습관과 완북의 성취감

5권 구매 등록마다 선물이 팡팡!

세토 시리즈
래빗 포인트

★★ **래빗 포인트 적립하기**

🐰 **포인트 번호**

KFDN-EJGU-17HM-4PJ6

1 래빗 포인트란?

NE능률 세토 시리즈 교재 구매 시
혜택을 드리는 포인트 제도입니다.
1권 당 1P가 적립되며, 5P 적립마다
경품으로 교환 가능합니다.
(시리즈 3종 포함 시 추가 경품 증정)

2 포인트 적립 방법

1 세토 시리즈 교재 구입
2 래빗 포인트 적립 페이지 접속
   (QR코드 스캔)
3 NE능률 통합회원 로그인
4 포인트 번호 16자리 입력

3 포인트 적립 교재

- 세 마리 토끼 잡는 독서 논술
- 세 마리 토끼 잡는 초등 독해력
- 세 마리 토끼 잡는 급수 한자
- 세 마리 토끼 잡는 초등 어휘
- 세 마리 토끼 잡는 역사 탐험
- 세 마리 토끼 잡는 초등 한국사
- 세 마리 토끼 잡는 쓰기

★ **포인트 유의사항** ★

- 이름, 단계가 같은 교재의 래빗 포인트는 1회만 적립 가능하며, 포인트 유효기간은 적립일로부터 1년입니다.
- 부당한 방법으로 래빗 포인트를 적립한 경우 해당 포인트의 적립을 철회하고 서비스 이용을 제한할 수 있습니다.
- 래빗 포인트에 관한 자세한 사항은 래빗 포인트 적립 페이지 맨 하단을 참고해주세요.

NE 능률